QUEBRANDO OS LIMITES

CAROL BARCELLOS

QUEBRANDO OS LIMITES

Como superar desafios na vida

Nova edição ampliada e atualizada

Copyright © Carol Barcellos, 2016
Copyright © Editora Planeta do Brasil, 2016, 2022
Todos os direitos reservados.

Preparação: Ana Clemente e Renata Del Nero
Revisão: Carla D. Fortino, Luiz Pereira e Marina Castro
Diagramação: Vivian Oliveira
Capa: Departamento de Criação da Editora Planeta do Brasil
Imagem de capa: Ari Kaye

DADOS INTERNACIONAIS DE CATALOGAÇÃO NA PUBLICAÇÃO (CIP)
ANGÉLICA ILACQUA CRB-8/7057

Barcellos, Carol
    Quebrando os limites: como superar desafios na vida / Carol Barcellos. - 2. ed. - São Paulo: Planeta, 2021.
    176 p. : il.

ISBN 978-65-5535-613-7

1. Esportes. 2. Esportes radicais - Instrução e ensino – Brasil I. Título

21-5402   CDD 796.50981

Índice para catálogo sistemático:
1. Esportes

 Ao escolher este livro, você está apoiando o manejo responsável das florestas do mundo

2022
Todos os direitos desta edição reservados à
Editora Planeta do Brasil Ltda.
Rua Bela Cintra, 986 – 4º andar
01415-002 – Consolação
São Paulo-SP
www.planetadelivros.com.br
faleconosco@editoraplaneta.com.br

"Não venci todas as vezes que lutei,
mas perdi todas as vezes que deixei de lutar."

Cecília Meireles

A quem por toda a vida irei lutar.
Meu amor, minha pequena.
Que um dia eu seja motivo
de orgulho para você, minha filha.

SUMÁRIO

APRESENTAÇÃO 11
INTRODUÇÃO 13

CAPÍTULO 1 NECESSIDADE E PAIXÃO:
　　　　　　 FONTES DE MOTIVAÇÃO 17
CAPÍTULO 2 MARATONA: O PRIMEIRO DESAFIO 27
CAPÍTULO 3 POLO NORTE: NA RAÇA
　　　　　　 E NO SACRIFÍCIO 39
CAPÍTULO 4 A ARTE DE SER LEVE 51
CAPÍTULO 5 O MEDO NOSSO DE TODO DIA 59
CAPÍTULO 6 COMO ULTRAPASSAR OS LIMITES 69
CAPÍTULO 7 A DESCOBERTA DA FÉ 81
CAPÍTULO 8 O PRAZER DE TREINAR 89
CAPÍTULO 9 O TAL DO FLUXO 99

CAPÍTULO 10	SABER QUANDO DESISTIR	107
CAPÍTULO 11	TRABALHO EM EQUIPE	115
CAPÍTULO 12	CONCLUSÃO	123

AGRADECIMENTOS 127
TREINO PARA ULTRAMARATONA 131

CAPÍTULO 13	INTRODUÇÃO À NOVA EDIÇÃO	139
CAPÍTULO 14	RECOMEÇO	145
CAPÍTULO 15	DESTEMIDAS – A BUSCA DE UM PROPÓSITO NA VIDA	155
CAPÍTULO 16	MINHA COPA DO MUNDO (FINALMENTE) CHEGOU	161
CAPÍTULO 17	OS JOGOS OLÍMPICOS DA PANDEMIA E SEUS PERSONAGENS	169

Apresentação

No gelo, no deserto, no fundo do mar ou em cavernas escondidas nas profundezas, ela vai ter sempre a mesma atitude, a mesma vontade e garra para superar qualquer obstáculo ou adversidade.

Obstinação, disciplina e ousadia. Essas são apenas algumas qualidades da repórter e companheira de roubadas Carol Barcellos.

Amiga, mãe e profissional exemplar.

Quem não conhece pode até pensar que a gata dos olhos cor de esmeralda é frágil, dócil e delicada.

Mas experimente desafiá-la. Aí sim é possível conhecer a fera, a guerreira capaz de enfrentar batalhas físicas e psicológicas em qualquer terreno ou situação.

Estivemos lado a lado em ultramaratonas, enfrentamos enxames de abelhas e presenciamos um implacável terremoto que devastou um país.

Calor e frio extremos, ferimentos, bolhas, desidratação, noites mal dormidas, picadas de abelhas e insetos. Poderia ser muito pior, mas não o bastante para que a desistência rondasse os pensamentos dessa mulher determinada.

Durante os últimos anos, compartilhamos experiências e enfrentamos jornadas que pareciam intermináveis.

O pensamento positivo sempre foi nosso elo. Muitas vezes um foi o psicólogo do outro nos momentos mais difíceis.

Escrever sobre a Carol, a repórter que parece feita de aço, mas tem o coração mole e a alma repleta de bondade, é uma tarefa fácil demais.

A vida pode se mostrar de todas as formas, repleta de novas experiências e desafios.

Com sabedoria, criatividade e leveza, Carol Barcellos é mestre em encontrar as melhores soluções para o que der e vier.

Boa leitura e muita força pra seguir em frente.

Clayton Conservani

Introdução

Aceitei escrever este livro porque era um desafio. Até me surpreendi quando recebi o convite. A editora Aida Veiga, também jornalista, me procurou e disse: "As pessoas têm interesse em conhecer a sua história". "Mas eu já conto tudo nas reportagens", respondi. Ela rebateu: "Os telespectadores já sabem o que você faz e quais são as suas dificuldades durante os desafios, mas querem entender como uma pessoa comum consegue superar tantos obstáculos".

Resumidamente, posso dizer que é com treino e muito trabalho. Nunca fui atleta, apesar de sempre ter praticado esporte. Aceitei a proposta para participar do programa *Planeta Extremo* porque vi ali uma oportunidade de fazer um trabalho diferente. Com mais verdade, colocando meu coração e minha emoção em cada aventura.

Quando quero muito uma coisa, transformo a vontade em meta. Sou mãe, jornalista, estou casada há dez anos. A vida me ofereceu uma chance para explorar os meus medos, os meus limites. E conhecer o mundo.

A ideia do programa parecia fascinante e romântica. Mas o dia a dia é exaustivo e sem glamour nenhum. E daí?

Conquista fácil não é conquista. Desafio não é sacrifício, é privilégio.

Como descobri depois, desafio de verdade tem outra conotação. É ter que acordar e lidar com a perda do maior amor que já tivemos. Ter que olhar para o lado e ver seu filho, sua mãe, aqueles que tanto queremos proteger, sofrendo. Ter que ir para a rua com a família. Sem comida. Sem água. Sem condições de cuidar de uma criança. Deve ser uma dor daquelas que não te deixam nem por um segundo. Fica ali, martelando.

Quando estava no Nepal durante o terremoto de 2015, sentindo o cheiro da morte, assistindo ao sofrimento de quem enterrou familiares, vendo pessoas sem ter para onde ir, percebi outra dimensão da vida. Ficou claro, para mim, que a coragem aparece nessas horas. Até porque não há outra opção, a não ser enfrentar.

A dor no coração é incomparável. Mas é importante separar a que machuca a alma daquela que machuca o corpo. O cansaço físico e mental pode ser sinal de que estamos buscando mais. De que estamos ousando, o que é muito bom. Pode ser apenas a prova de que você está tentando ir além, e isso exige esforço.

Desafiar a si mesmo é uma chance que a vida dá de ser mais intenso no dia a dia, de viver com tesão. Tesão em experimentar, em se arriscar a ser mais feliz. O desafio nos instiga a viver sem certezas. Em um primeiro momento, assusta. Mas, aos poucos, a gente aprende que pode ganhar com o risco, com o "sair da casinha".

Encarar um desafio, qualquer que seja ele, já é um grande passo, porque exige coragem. É uma resposta de que você não deu as costas a uma oportunidade, que está disposto a sair da zona de conforto.

Sou grata pelas oportunidades que a vida tem me oferecido. Por isso, topei escrever este livro.

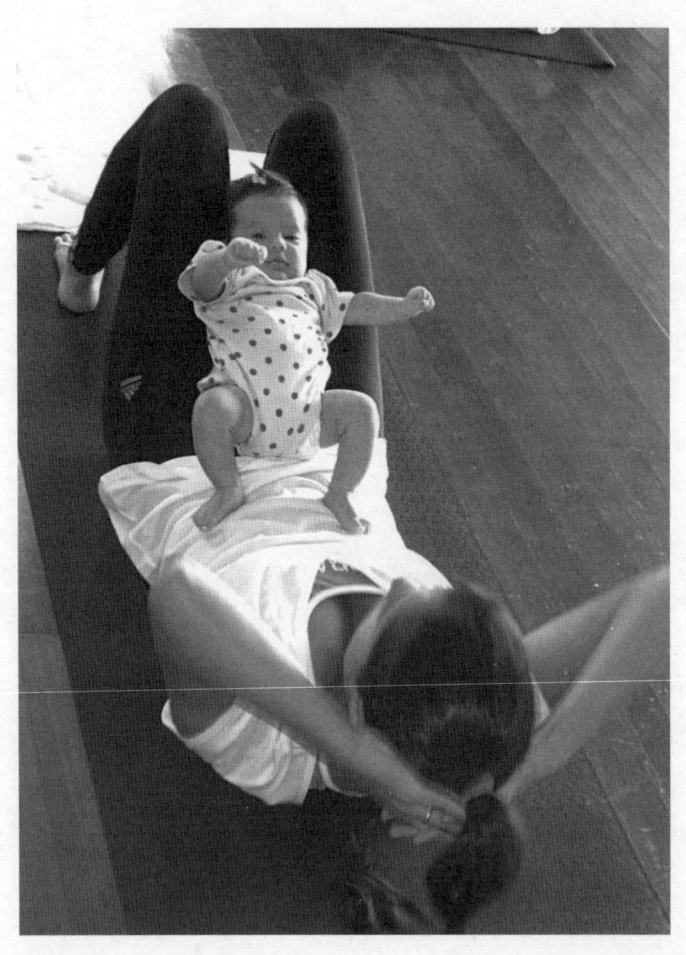

CAPÍTULO 1

Necessidade e paixão: fontes de motivação

Sempre dependi de desafios. É o que me move e me faz querer buscar o melhor todos os dias. Ter metas, sentir o movimento da mudança, a melhoria, o novo. Um dos meus grandes prazeres é saber que estou fazendo algo hoje que vai refletir no amanhã, que vai representar uma evolução no meu cotidiano.

Cresci assistindo aos meus pais lutarem por tudo aquilo que queriam. Na minha casa, tudo sempre foi conquistado com muito esforço. E meus pais me mostraram como se faz isso diariamente.

Minha mãe é a mulher mais guerreira que já conheci. Não foi uma questão de opção, de estilo de vida, mas uma necessidade. Certa vez, numa palestra do técnico de vôlei Bernardinho, ele definiu de uma forma bem simples as fontes de motivação: necessidade e paixão. A da minha mãe veio por necessidade: aos 20 anos, com dois filhos, largou a faculdade e foi trabalhar. Ela e a minha avó Vânia – que seguiu trabalhando até os 70 anos – são as minhas grandes referências.

Cresci vivendo a despedida. Todo dia eu ouvia: "Estou indo trabalhar". Claro que sentia falta. São poucas as lembranças de momentos que dividimos em família que guardo da infância e da adolescência. Mas hoje entendo e sinto orgulho. Minha mãe se separou do meu pai quando eu tinha 3 anos. Casou-se novamente com quem eu chamo de pai.

Meus pais sempre disseram que a educação era a única herança que poderiam nos dar. Achava que era papinho de pai, aquele sermão chato, recorrente. O esporte ficou em segundo plano porque, acima de tudo, eu tinha que estudar.

Tudo o que sou hoje tem relação com o passado e com meus pais. Herdei o espírito aventureiro do meu pai, que viaja o mundo de moto. Nunca vou esquecer a viagem em que passamos um mês cruzando o Nordeste de carro. Dali já vinha o espírito aventureiro, desbravador. Ele sempre nos passou a vontade de sair por aí e explorar o desconhecido. Mas também nos ensinou a ter uma postura de humildade diante do que não conhecemos, de respeito por outras culturas.

Minha mãe sempre se preocupou com alimentação saudável e me mostrou um estilo de vida que adotei. Durante toda a sua vida, ela acordou às 5h30 para nadar, malhar, transpirar. Ainda que estivesse trabalhando como uma louca, não abria mão de cuidar de si. Nunca foi de usar maquiagem, mas se preocupava em estar bem por dentro. Era vaidosa, mas a beleza tinha que vir de dentro e ficar transparente.

Cresci na Tijuca, bairro da Zona Norte do Rio de Janeiro. Aos 15 anos, fui para os Estados Unidos fazer intercâmbio. Morei lá por um ano, estudando em uma escola americana e aprendendo a falar inglês. Foi algo que meus pais planejaram desde que eu era criança e um momento para o qual se programaram. Fiz parte da equipe de natação da escola. Já tinha tomado gosto pela resistência, nadava provas de 1.500 metros livre. Voltei para o Brasil e cheguei a dar aula particular de inglês para ganhar uma graninha. Parei de trabalhar porque precisava estudar para o vestibular. Cursei jornalismo na Universidade Federal Fluminense – meu pai falou a vida inteira que faculdade particular não era opção.

Fiz vários estágios até participar do processo de seleção para trabalhar nas Organizações Globo. Foram seis meses de provas, quase outro vestibular, até conseguir a vaga. Estava com 22 anos, e a chance veio no esporte. Não era o que eu queria – pensava em fazer jornalismo econômico. Mas era uma oportunidade para trabalhar na maior emissora da América Latina. Como dizer não? Agarrei a chance que o destino estava me dando. Foi uma época em que me dediquei a estudar e trabalhar, deixando o corpo de lado.

Estagiei por um ano no SporTV e fui contratada. Fiquei três anos fazendo um programa de esportes radicais como produtora, editora, repórter e apresentadora. Foi lá que conheci o Bruno, pai da minha filha. Em 2008, me chamaram para fazer parte do time de repórteres da TV Globo. Passaria a cobrir todos os esportes, principalmente futebol. No início foi uma loucura, porque eu não sabia o nome de nenhum jogador. Era um desafio diário.

Foi por causa do meu ex-marido, ótimo corredor amador, que comecei a disputar provas mais longas de 21 quilômetros. Fiz cinco meias maratonas até decidir partir para a maratona e encarar os 42 quilômetros.

Estava na Globo como repórter havia três anos. E, às vésperas de completar 30 anos, andava preocupada com o que viria a seguir na minha carreira. Sem planejar – mas é claro que não estava sendo supercuidadosa –, engravidei. Na época, fiquei dividida, preocupada com o trabalho, com medo de interromper minha vida profissional. É uma questão que passa pela cabeça da maioria das mulheres. Uma pena, porque, se soubéssemos como viramos leoas depois de sermos mães, não teríamos dúvidas.

A Julia transformou a minha vida. Ainda transforma todos os dias. Perdi medos, tive mais vontade de viver, de lutar, de buscar. Minha motivação, agora, vem da necessidade e da paixão – por ela e pela vida. Minha filha trouxe luz e energia, e abriu meu coração. Depois que somos mães, nos sentimos gigantes, capazes de tudo. O que pode ser mais grandioso do que gerar uma vida?

Foi exatamente quando voltei da licença-maternidade que surgiu o convite: queriam uma mulher para fazer um quadro de aventura e participar das reportagens. Algo que o Clayton Conservani já fazia muito bem.

Fiquei surpresa e achei que todos haviam enlouquecido. Eu estava sem correr havia dois anos. Tinha voltado a malhar, mas aos poucos. Ainda amamentava a Juju, que tinha seis meses. E teria quatro meses para correr uma maratona em Jerusalém e mais um mês para emendar outra maratona: a mais fria do planeta, no Polo Norte.

Uma loucura e, ao mesmo tempo, uma grande chance, daquelas que a vida não oferece duas vezes. Agarrei, e a minha vida mudou ali. Imagine correr a maratona do Polo Norte! O título é bonito, grandioso mesmo. Só que o esforço para chegar lá seria enorme, muito maior do que eu havia imaginado.

Eu não era uma esportista, nunca tive um dom natural para nenhum tipo de esporte. Mas eu acredito que trabalho sem talento pode render. É claro que ter aptidão ajuda, mas são a preparação e a repetição que levam à evolução – em qualquer área da vida. Assim, aquela pessoa que no início não era tão habilidosa vai se transformando. Não nascemos com a nossa história definida, nós a escrevemos todos os dias. Basta se esforçar.

É importante se preparar, mais até do que sonhar com o resultado. A força da busca todos os dias é o que leva à conquista. É preciso muita energia e vontade para acordar todos os dias determinado a melhorar. E treinar, treinar, treinar. Trabalhar o seu ponto fraco transformando o que seria um obstáculo em crescimento. Não tem milagre, mas tem solução. Tudo tem jeito – sempre.

Acredito muito em trabalho, em comprometimento com o que nos propusemos a fazer. Ao menos comigo, tudo sempre foi assim. As chances apareceram e os resultados vieram, mas sempre com muito suor. Nesse caso, literalmente.

"O futuro pertence àqueles que acreditam na beleza de seus sonhos."
Eleanor Roosevelt

"A distância entre o sonho e a realidade chama-se disciplina."
Bernardinho

CAPÍTULO 2

Maratona: o primeiro desafio

A ideia de que o desafio pode – e deve – ser muito prazeroso não é algo que se perceba em um primeiro momento. Mas é fundamental para encararmos todo e qualquer desafio. O técnico de vôlei Bernardinho é a minha maior referência quando se fala em obstinação, dedicação, trabalho. Já o ouvi várias vezes dizer que "tem que querer a preparação mais do que se quer o resultado". Até porque passamos muito mais tempo nos preparando do que naquelas horas do "vamos ver".

São meses treinando para um dia. Se não houver prazer nesse processo, vira tortura. E, sofrendo, dificilmente conseguimos manter o treinamento. Encontrar esse prazer requer mais que disciplina. É buscar alegria na tentativa de ser melhor.

Quem já correu sabe: é muito difícil começar. Pode ser uma corrida recreativa com uma amiga por trinta minutos. Sair da inércia, iniciar o movimento é duro. Uma vez passados os primeiros dez minutos, há uma melhora considerável. E assim vai até chegar à conquista – ainda que sejam somente trinta minutos. Esse era o objetivo e ele foi alcançado.

Mesmo no dia da prova, o que fica na lembrança é tudo o que passamos durante o percurso. Em uma maratona, quando o esforço é sobre-humano, as horas correndo ficam marcadas para sempre. Tudo o que se vive naquelas horas representa mais do que os segundos em que se cruza a linha de chegada. Não estou comparando emoção, mas o crescimento e as lições que vêm do caminho.

Quem só quer o resultado talvez não tenha interesse em construir e queira mais "ter" do que "ser". A transformação durante a luta nos faz crescer. Importante não é a medalha ou o título que se ganha. Só evoluímos quando valorizamos o esforço, o estudo, o treinamento para chegar lá. E isso vale para tudo na vida. Quem se esforça para cumprir uma meta no trabalho, por exemplo, faz projetos, dedica tempo pensando em estratégias, vai se tornar um profissional melhor, terá seu trabalho reconhecido, porque cumpriu uma meta e se preparou para isso.

O meu primeiro grande desafio era correr 42 quilômetros em Jerusalém, dias depois de a minha filha ter completado 1 ano. A distância, em si, não me impressionou. Mas não esqueço o quanto foi difícil treinar naquela época. Muitas vezes eu acordava e tinha vontade de chorar. Precisava treinar, mas queria ter tempo para ficar com a minha filha, energia para brincar com ela. Como a maratona de Jerusalém era o primeiro dos meus desafios, eu, infantilmente, queria algo que é raro, talvez inexistente mesmo: o ideal. O treino ideal, a disposição ideal, queria que tudo fosse como manda a cartilha.

Quem não quer? Mas essa é a hora da escolha e do comprometimento. Foi aí que eu descobri que o meu objetivo era também um grande desejo. A motivação pode vir de fontes diferentes. Mas, quando há paixão envolvida, tudo fica mais interessante.

Eu abdiquei de viver alguns momentos com a Julia – e sei que não terei outra chance. Abri mão de dormir, de estar com meu ex-marido, com meus amigos. Deixei muita coisa de lado. Faltava tempo no meu dia, faltavam horas. Eu sentia uma frustação enorme, sentia desespero. Todos os dias, quando acordava, eu tinha que lembrar: por que estou fazendo isso? Aonde quero – e vou – chegar? Então vamos lá, sem desculpas.

Durante a fase de treinamento, os questionamentos são enormes e só aumentam conforme os dias passam. Quando a frustação aparece, a primeira dúvida é sempre a mesma: por que ainda insistir em madrugar para treinar? Por que viver cansada? Nessa hora, tento pensar no prazer que tenho treinando e em todas as certezas que vêm com uma conquista – principalmente a de que valeu a pena passar por tudo aquilo.

Quando a gente engravida, sofre com enjoos, ganho de peso, noites maldormidas. Há uma série de desconfortos a superar. Sem falar no parto em si. Mas quando a gente olha para aquela carinha, sente o coração disparar como nunca. O amor transborda, a felicidade está ali, naquele milésimo de segundo do primeiro encontro, do primeiro olhar.

Desde que a Julia nasceu, tenho trabalhado a culpa clássica de mãe. E o que eu deixava de fazer quando saía para ficar três horas rodando por aí, correndo? Porém, mais do que assumir o compromisso profissional – nunca me pediram garantias de que eu completaria nada –, assumi um compromisso comigo mesma. E não traio a mim mesma.

Era treinar sem dormir. Dormir sem treinar. Me culpava pela falta de treino e de sono. Reforço muscular? Nem pensar, não dava tempo. Conseguia completar a planilha de quatro treinos por semana, deixando o "longão" – tempo e distância maiores do que o atleta está acostumado a correr, para quem não sabe – para o final de semana, quando eu não estava de plantão. Minha vida era família, trabalho e treino. Nada a reclamar. Nesse trio está tudo o que mais amo. Mas, às vezes, o cansaço me consumia... e virava estresse.

A exaustão, inúmeras vezes, foi tamanha que o prazer ia embora. É um sentimento absolutamente humano. Chega uma hora em que o corpo pede: dá um sossego! O corpo diz para você aceitar que já não consegue mais ir adiante. É um momento difícil, porque você sabe que precisa de mais: mais treino, mais trabalho, mais cuidado com a família. E, em algum momento, dormir, comer, descansar.

Nessa hora, a única saída é afrouxar as cobranças. Está fazendo tudo o que pode? Está se dedicando ao máximo? Então, o negócio é aceitar que, nas suas condições, é tudo o que você pode fazer. O empenho chegou ao limite. Ninguém vai brincar de Super-Homem ou Mulher Maravilha.

Dieta? Confesso que não conseguia fazer. Não sobrava tempo para preparar comida especial ou um lanchinho saudável para comer entre os treinos. Eu estava sempre atrasada para algum compromisso. Havia dias em que eu achava que não ia mais aguentar. O tempo era contado até para ir ao banheiro.

Queria muito estar preparada para aquelas duas maratonas. Mas, quanto mais perto chegava, menos eu ficava com a minha filha. Embarquei para Jerusalém dias depois do aniversário de 1 ano da Julia. Era a primeira vez que ficaríamos longe por tanto tempo: dezesseis dias. Meu coração ficou no Brasil. Tentei levar ao menos a cabeça comigo – pode parecer brincadeira, mas é verdade.

Rotina de treinos... não existia. Suplementação, alimentação especial... como assim? Comia quando dava, comia o que havia naquela hora. Não foi uma fase de treinamento, foi atropelamento. Passei por cima da saudade, das dores, da falta de preparo, de tudo. Não dá para ficar sonhando nem sofrendo da falta da "situação ideal". Não tem milagre; ao menos, nunca presenciei nenhum.

Era o início de uma etapa que eu acreditava ser marcante na minha vida profissional. E, apesar de todo o caos, sentia gratidão por aquelas oportunidades.

Às vezes, acredito, a gente tem que fazer na raça e na paixão. Só nós mesmos sabemos o que tivemos de suportar para estar ali. É uma chance de viver algo especial. E, muitas vezes, esse algo especial, algo marcante, exige esforço, dedicação sem fim. Faz parte do valor que vai haver lá na frente. Quando cheguei a Jerusalém, tudo começou a ganhar sentido. A expectativa de me testar, de saber que ia encarar algo difícil, que me tirava da zona de conforto. Já tinha corrido uma maratona antes, mas aquela era diferente por ser a primeira depois de ter sido mãe. Quem é mãe sabe o quanto tudo muda no corpo. Depois de ver o rostinho da Julia pela primeira vez, tive certeza: nenhuma dor seria insuportável, a não ser aquela que envolvesse minha filha. O nascimento de um bebê faz a gente acreditar em muitas coisas.

No Muro das Lamentações, onde os cristãos e os judeus oram juntos, desatei a chorar. Não sabia explicar o porquê. Aliás, os choros inesperados e inexplicáveis são os melhores, porque dão uma sensação de alívio verdadeiro. Lembro só de ter agradecido pela saúde da Juju e pela minha, e também pela chance de estar ali.

Existe um sentimento puro e forte em ser mãe: de que devemos, acima de tudo, fazer nossos filhos felizes. Mas a felicidade não é um sentimento que se impõe. Sou feliz me desafiando, me testando. Minha filha percebe isso, até porque a sensibilidade dela é maior do que a minha.

Minutos antes da largada, fechei os olhos para me concentrar. Agradeci por estar naquele lugar, pela existência da minha filha, e lembrei a mim mesma de que, nos 42 quilômetros seguintes, eu deveria focar e viver o presente. Valorizar cada quilômetro vencido e olhar o seguinte com toda a força. Teria que pensar em mim, no meu corpo, nas minhas dores. É um exercício passar horas pensando só em você depois que se tem uma filha. Mas a corrida é fascinante, justamente porque nos ensina muito.

O início, para mim, é tão duro quanto o final. É o corpo aquecendo e entendendo que aquele esforço vai ser longo. Mas aprendi com meu técnico de corridas e amigo Marquinhos que não se conta quantos quilômetros faltam. É preciso contar o que já foi feito. É uma forma de parabenizar a si mesmo e manter a motivação em alta dose.

Jerusalém é um sobe e desce constante. Não tem nada plano: ou você está fazendo força para subir, ou controlando a descida para não acabar com os joelhos. Gosto de correr em silêncio, porque, além de já falar muito, aquilo me traz paz e concentração. Ao mesmo tempo, enfrentar ladeiras cansa mais e nos obriga a fazer força, a manter a cabeça focada no esforço que estamos dispendendo.

A energia da cidade de Jerusalém é muito forte, e a senti presente durante toda a corrida. Em alguns trechos, havia homens armados. Acharam necessário por receio de algum ataque terrorista. Infelizmente, um lugar tão especial, e que reúne tanta fé, sofre por causa dos extremistas.

Os dilemas da largada vão se transformando. Por volta do quilômetro 21, quando se chega à meia maratona, a euforia inicial passou e o cansaço já está instalado, ainda mais sabendo que há metade do desafio pela frente. Nessa hora, começo a conversar comigo mesma e tento convencer meu corpo de que aquele cansaço vai passar e de que há algo muito bom e grandioso à frente.

Pouco antes de chegar ao quilômetro 28, tive uma ajuda. Passamos por um grupo de crianças que aplaudiam e batiam nas mãos de quem passava. Os sorrisos e a alegria delas renovaram meu ânimo.

São altos e baixos literalmente o tempo todo. A energia volta, mas a gente não sabe até quando vai conseguir mantê-la. E o quilômetro 33 vem com tudo. É uma distância muito marcante na maratona, porque tudo começa a doer, até ossos e músculos que eu nem sabia que tinha.

A partir desse ponto, o que me leva em frente é mesmo a cabeça e o coração.

Apesar de sentir dor, me dou conta de que já foram queimados 33 quilômetros. Caramba! E eu ainda estou em condições de continuar. Os últimos quilômetros trituram o corpo ao mesmo tempo que vão trazendo um prazer raro. Há quem os compare ao sexo. De verdade, dependendo do dia e do envolvimento, aqueles últimos quilômetros podem mesmo ser melhores do que um orgasmo.

É a sensação de se aproximar da conquista. E aquela dor começa a ficar prazerosa, porque tem uma relação direta com o esforço e a dedicação que foram necessários para chegar à reta final. Pode parecer louco, mas eu prefiro esses últimos momentos à chegada. Porque cruzar a linha é tão rápido. Amo os últimos quilômetros, aquela dor, o cansaço, a sensação de me aproximar de algo que esperei por tanto tempo, pelo qual tanto me dediquei e tanto abdiquei.

A conquista está no que se fez para chegar àquele instante, no quanto nos entregamos para atingir o êxito, no quanto acreditamos na preparação, mais do que no resultado. Mas eu ainda sentia uma grande dificuldade em me entregar ao momento final, curtir, celebrar. Minha cabeça já estava na próxima corrida.

Completar os 42 quilômetros de Jerusalém foi libertador. Serviu para provar para mim mesma que ainda era forte. E que o caminho podia não ser o ideal, mas, mesmo não tendo a rotina perfeita para aquele desafio, eu estava no rumo certo. Havia muita dedicação, muita vontade. E Jerusalém foi só um treino, um teste para o que estava por vir: o Polo Norte!

"Um homem é um sucesso se pula
da cama de manhã, vai dormir à noite,
e, nesse meio-tempo, faz o que gosta."
Bob Dylan

Se você esperar pelas condições perfeitas,
nunca vai fazer nada.

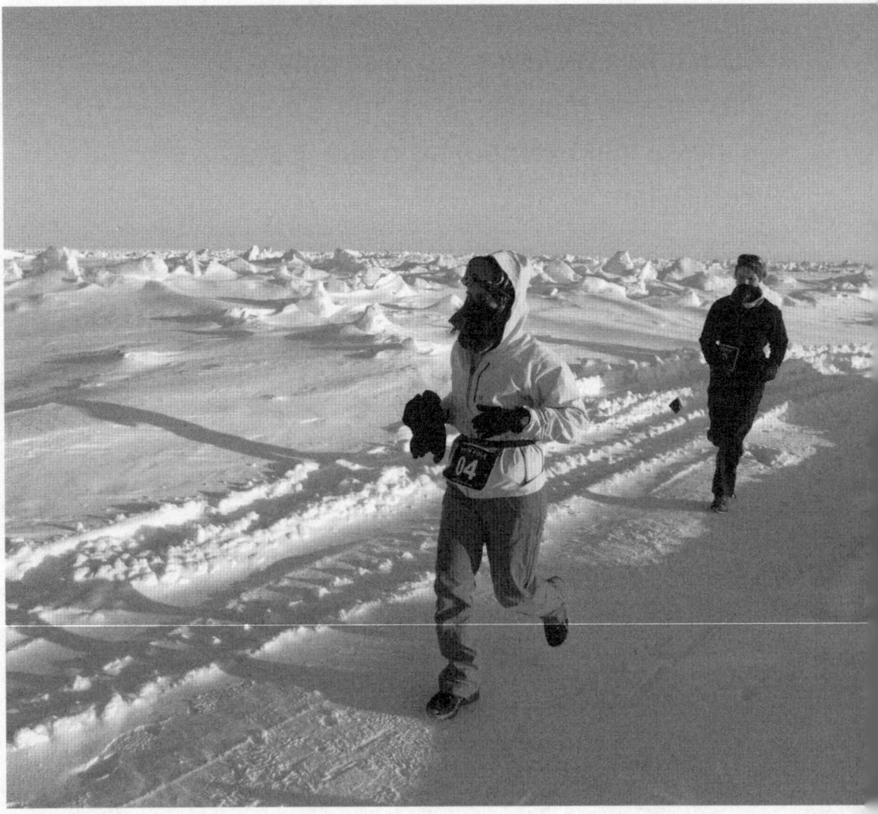
04

CAPÍTULO 3

Polo Norte: na raça e no sacrifício

Eu não tinha ideia do que esperar da maratona do Polo Norte. Com o que exatamente ela pareceria? Qual a sensação de correr em 30, 35 °C negativos? Eu pensava: ah, tudo abaixo de zero é frio, muito frio.

Voamos de Svalbard, um arquipélago na Noruega, em um avião de carga russo sem janela ou ar-condicionado. Fazia tanto calor que todo mundo começou a tirar a roupa. Parecia piada: a caminho do lugar mais frio do planeta, as pessoas estavam de camiseta, algumas até sem camisa. Foram duas horas e meia de voo até pousar numa pista improvisada.

Ao sair do avião, um deserto branco incomparável. Embaixo de nós e daquela camada de gelo estava o oceano Ártico congelado. A primeira coisa que veio à cabeça foi: é impossível ficar aqui. Mal se podia respirar! Ficar do lado de fora da tenda, ainda que por minutos, era insuportável. Sentia dor de tanto frio, apesar de estar com muita roupa.

Havia um sistema de aquecimento nas barracas. Ficaríamos em uma com capacidade para quinze pessoas. Uma das tendas serviria de apoio, com médicos, água e comida.

Os dois banheiros químicos deviam ser evitados. Além de o cheiro piorar rapidamente, ter que entrar ali e tirar toda aquela roupa era uma dura missão. Sem contar o frio no bumbum, quando ficava exposto.

Chegamos por volta do meio-dia e já começamos a trabalhar: procurar entrevistados, mostrar o lugar e os equipamentos dos atletas, buscar informações. Fui conversar com o organizador para confirmar a que horas seria a largada no dia seguinte. Sem meias-palavras, ele respondeu: "Amanhã? Será daqui a algumas horas, vamos fazer a corrida na madrugada, porque a previsão do tempo é ruim e pode ventar muito nos próximos dias. Se isso acontecer, não vamos conseguir sair daqui. A largada será à meia-noite". Era abril, e, nessa época do ano, não escurece.

A dúvida: não sabia se descansava um pouco ou continuava trabalhando. Mas estava ali para contar uma história, antes de qualquer coisa. Havia pouco tempo para descansar, havia pouco tempo para gravar. Tínhamos muita coisa para fazer pela frente.

Encontramos um russo que foi obrigado a abandonar uma expedição porque tinha queimaduras graves causadas pelo frio. Nada animador. Continuamos gravando até duas horas antes da largada. Então comecei a me concentrar, separar o equipamento e preparar a minha cabeça. Precisaria ficar atenta o tempo todo.

Na mesma barraca em que eu estava, um pai francês se preparava com o filho de 13 anos. Que loucura! Como levar um menino dessa idade para correr? Ele explicou: a filha, Marine, de 12 anos, tinha morrido cinco meses antes em decorrência de fibrose cística, doença genética que afeta todo o organismo. Eles criaram uma campanha e iam correr pela menina.

Começamos a nos preparar e a colocar o equipamento. Eu usava duas camisas e dois casacos, três calças e três meias – tudo com tecnologia de aquecimento. Além de óculos, máscara que cobria o rosto e dois pares de luvas. Qualquer vacilo acabaria com a prova. E eu tinha cometido um: havia esquecido as polainas que ficam presas ao tênis para evitar que entre neve pelas frestas e congele os dedos dos pés. Erro grave. Mas, nessa hora, a energia e a confiança podem salvar. O repórter cinematográfico Ari Júnior deu uma sugestão: colocar uma fita prendendo a boca da calça no tênis. Não pensei duas vezes em acatar o que ele tinha recomendado. Atitudes como essa fazem diferença para atingirmos o que queremos. Eu poderia ter me desesperado e feito daquilo uma desculpa para não correr. Mas optei por resolver, acreditar e seguir em frente. Segundo o organizador da prova e primeiro homem a correr no Polo Norte, o irlandês Richard Donovan, se passarmos a vida toda pensando no que pode dar errado, nunca faremos nada!

Conversei com a equipe antes da largada. Além de trabalharmos juntos, somos grandes amigos. Sei que estavam preocupados com tudo o que estavam vendo, mas tínhamos um trato: ninguém me pediria para parar. Eu saberia o meu limite. Foi muito importante termos conversado sobre isso antes de eu dar a largada.

Como combinado, largamos à meia-noite e um minuto. Havia 46 competidores, sendo sete mulheres. Para completar os 42 quilômetros, precisaríamos dar nove voltas em um circuito. É ruim ter que passar pelos mesmo lugares, porque conseguimos antecipar o sofrimento. Mas o formato era uma questão de segurança: ursos polares moram no Polo Norte, e a organização queria manter os competidores mais próximos à base, onde havia homens armados. É claro que atirar era a última opção. Protegê-los e não os incomodar é lei, mas, dias antes da nossa chegada, os ursos haviam atacado uma barraca com turistas.

Os minutos iniciais sempre são os mais duros, porque vão aquecendo o corpo, embora fosse algo quase impossível naquela região gelada. Ao mesmo tempo, era fascinante olhar em volta e lembrar que estava no limite norte do planeta. Que sorte a minha pisar e correr naquele lugar.

Encontrei uma menina que corria no meu ritmo. Corremos juntas e trocamos algumas palavras, mas era difícil conversar porque a boca estava coberta. É bom ter alguém ao lado numa situação como essa. Passamos a cuidar uma da outra: ela me avisou quando minha orelha estava descoberta e desprotegida. Não podíamos deixar nenhuma parte do corpo exposta. E eu retribuí quando percebi que ela perdia o ritmo depois da segunda volta. Paramos na barraca de apoio para nos hidratar e aquecer um pouco.

Na volta, percebi que ela estava ainda mais fraca. Não sabíamos nada uma da outra. Somente que ninguém havia ido tão longe para desistir, e eu insisti, fui no ritmo dela. Fazíamos sinais. Até que os últimos sinais eram de que ela não iria seguir por muito tempo. Ela apontou para que eu fosse embora.

Ainda que sem intimidade nenhuma, percebi como é curioso conhecermos rapidamente o outro em situações extremas. Estamos ali despidos de qualquer vaidade ou frescura. Queremos vencer nossos limites e desejamos o mesmo para quem está ao nosso lado.

Insisti mais um pouco. Não queria que ela parasse de jeito nenhum. Achava que, se ficasse ao seu lado, poderia ajudá-la. Eu não estava preocupada com o tempo de corrida. Só queria chegar, e seria emocionante se completássemos juntas.

Minutos depois ela segurou meu braço. Eu entendi que, se não fosse embora, correria o risco de abandonar a prova junto com ela. Qualquer desculpa é muito forte quando o desconforto é tão grande. Se ela abandonasse... acho que eu teria vontade de desistir.

Segui, e ela ficou para trás. Conseguiu resistir até o quilômetro 21, quando parou. Sou grata pelos quilômetros em que esteve ao meu lado. E por ter me protegido o quanto pôde.

Veio a solidão que, em momentos difíceis, fragiliza a mente. E, no Polo Norte, assusta ainda mais que em outros lugares. Em alguns trechos da prova, olhava à minha volta e não havia ninguém. Como não podiam usar aquela moto de neve, a equipe só conseguia chegar a alguns pontos da corrida. Na maioria das vezes, só nos encontrávamos na transição de uma volta para outra.

Tive que parar de novo na barraca. Meu equipamento estava congelado, e, como os óculos começaram a embaçar, tirei-os por alguns minutos. Resultado: meus cílios e minhas sobrancelhas congelaram. Entrei, limpei o rosto e voltei. Era mais difícil recomeçar, deixar de novo aquele lugar confortável, sem ter ideia de quanto tempo mais teria de correr.

Tive um turbilhão de pensamentos. O mais forte deles tinha a ver com a minha filha, é claro. Mas descobri um jeito de controlar a mente: passei a fazer contas para decifrar qual seria a hora no Brasil. Quando cheguei a um horário em que ela já estaria dormindo, segura e protegida, fiquei mais tranquila. Minha cabeça voltou a ter o foco na corrida. Não era momento de me fragilizar. Passei por várias fases durante a maratona: euforia, dor, gratidão. Cada volta que eu completava era uma miniconquista.

Até que precisei de ajuda: a máscara que usava estava congelada e eu não tinha uma de reserva. Claudio Carneiro, operador de áudio, repórter cinematográfico e, num termo que ele adora, meu "parça", tirou a que usava e me deu. Ele teria que passar o resto do tempo dentro da barraca, porque estava totalmente desprotegido. Mas ele nem hesitou. Nunca vou esquecer o gesto dele, porque aquilo me deu a maior força.

Ficou claro que eu levava muita gente comigo naquela corrida. A solidão era ilusória. Meus companheiros, minha família, amigas, técnico, estava todo mundo ali de alguma forma. Desistir? Como assim? Foquei o olhar e segui como se fosse um bicho. E então veio a fase final: exaustão e quase uma tristeza.

O pai que corria pela filha já tinha chegado, foi o segundo a completar a prova. Ele disse que tinha dificuldade de respirar sempre que pensava na filha. O filho continuava caminhando, não correu em nenhum momento. O pai voltou para acompanhá-lo, e o menino não estava nem na metade do percurso.

Faltavam duas voltas para o fim quando reencontrei a equipe. Naquela hora, não sabia mais de onde tirar força. Não sabia mais se tinha essa força. Meus anjos da guarda estavam lá: Claudio Marques, Claudio Carneiro e Ari Júnior. Eles perguntaram se eu precisava comer. Já estava correndo havia mais de cinco horas e não tinha como comer no caminho, tudo congelava. Eu precisava parar, entrar na tenda de novo. Mas tinha medo de entrar, sentir todo aquele conforto e não conseguir mais voltar.

Carneiro tinha saído da barraca só para me apoiar. Minha aparência não era nada boa. Ele tinha levado um líquido escuro – havia jogado um pó de sopa na água quente. Nem perguntei o que era – ele avisou que estava quente e eu abri a boca. Lembro que eles estavam assustados. O medo estava estampado na cara dos três. Mas mantiveram o trato: ninguém deu uma palavra sobre desistir. Virei as costas e segui até o fim. Não poderia mais parar, porque significaria ter que recomeçar, e eu não sabia se conseguiria.

Eu podia até escrever que as últimas voltas foram emocionantes. Poderiam ter sido. Mas eu mal consegui aproveitar. Segui acompanhando as bandeirinhas que marcavam o caminho como um robô. Já não tinha sentimento.

Na última volta, só pensava em seguir, dar mais um passo. Tinha até dúvidas se era eu mesma, ou se já estava fazendo confusão. Às 7h35, peguei a bandeira do Brasil e completei a última volta do circuito. Eu havia corrido os 42 quilômetros da maratona mais fria do planeta.

Não conseguia mexer direito o corpo. Depois entendi o porquê: o pouco suor que produzi congelou e virou uma placa de gelo nas minhas costas. Meu casaco nem saía do corpo, tiveram que arrancá-lo.

Queria ter vibrado, aproveitado, saboreado a conquista. Mas eu não conseguia rir nem chorar, tinha bloqueado todas as emoções. A minha alegria veio da euforia da equipe ao me ver completar a prova. Não esqueço os gritos e a carinha deles: tinham acreditado e confiado em mim o tempo todo, e isso não tem preço.

Eu estava sem reação, parecia uma máquina, sem vida. Fui andando, tinha esquecido de pegar a medalha. Mas não era mesmo o mais importante naquela hora. Peguei o telefone de satélite, liguei para o meu ex-marido e disse: "Consegui, diz para a Julia que eu consegui, sei que um dia ela vai entender". Me senti cumprindo uma obrigação por tudo que eu havia perdido com ela. Por todo o tempo de ausência para treinar. Mas e o prazer? Não é esse o motivo de tudo?

Me arrependo de não ter aproveitado melhor aqueles minutos da chegada. Me faltava algo que, hoje, passou a ser essencial. Saímos do Polo Norte horas depois, no mesmo dia, por causa da previsão do tempo. Passamos pouco mais de 24 horas lá e me lembro de cada segundo. Quando voltamos para Svalbard, entrei no hotel e alternava gargalhada e choro. A sensação da conquista nunca ninguém vai tirar de mim, e, acredito, é o que se leva da vida.

Queria ter percebido antes que a graça do desafio está no processo para vencê-lo. E que, se não houver prazer, não faz sentido. O durante tem que ser valorizado tanto quanto a chegada. O aprendizado, a tristeza, a alegria, o conhecimento de si mesmo estão no percurso. Porque há prazer em correr 42 quilômetros com um frio que dói, que congela o rosto. Há prazer em cada quilômetro vencido, em cada briga do corpo com a mente, porque é o caminho para uma das maiores emoções que se pode ter nesta vida.

Essa transformação torna o "desafio" mais leve e mais divertido. Deixa de ter aquela carga pesada de "tenho que fazer tudo para conseguir". Hoje penso assim: "Posso fazer tudo para conseguir, estou tendo essa chance, que sorte!". Nunca mais abro mão dessa leveza.

"A tragédia da vida não consiste em não conquistar um objetivo, mas em não ter um objetivo para conquistar."
Benjamin Maus

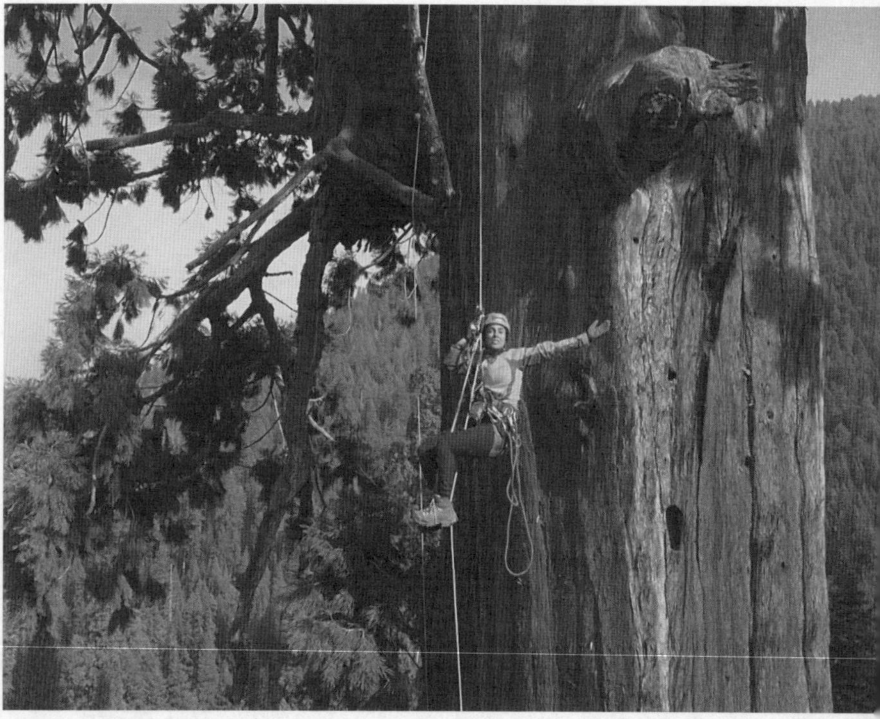

CAPÍTULO 4

A arte de ser leve

Sem leveza... perde-se o encanto. Existe muito prazer envolvido em desafiar a si mesmo. Não é a vitória que mais atrai, mas o processo até você cruzar a linha de chegada, o que você teve de enfrentar para dizer a si mesmo: "missão cumprida".

Desafio não tem tamanho, não pode ser medido com fita métrica. O maior é sempre o daquele momento que você está vivendo. É a motivação. É aquilo que a gente divide em partes para ir vencendo no dia a dia. Ao aceitar um desafio, existe uma garantia: sair mais forte da experiência. E isso independe do que vai acontecer no fim da história.

Desafiar a si mesmo é ter tesão pela vida, e não medo dela. É uma prova de coragem! Existe um caminho que costuma ser longo e exigir muito de todos nós. Por isso, não faz sentido se não tiver prazer embutido. Que lógica faz se torturar para ter alguns segundos de alegria? Não que esses segundos não sejam tão intensos a ponto de valer a pena uma certa dose de sofrimento.

Por que não fazer o processo ser gostoso, leve? Há muitos ângulos de ver a mesma coisa. É possível acordar e dizer:

"Que saco! Tenho que correr vinte quilômetros hoje!". Ou ter um pensamento mais otimista: "Que sorte a minha ter saúde e poder curtir vinte quilômetros correndo". Ou ainda mais positivo: "Que sorte ter uma meta profissional para atingir, isso significa que estou empregado". Poder buscar esse prazer todos os dias, seja por qual motivo for, é um privilégio.

Porém é algo difícil de alcançar. Em vez de você se tornar mais endurecido com as dificuldades, é melhor ser mais leve por causa delas. Uma reação quase imediata, natural mesmo, é ficarmos mais duros a cada desafio. As dores são uma consequência direta disso. Mas e o outro lado? A liberdade que o sacrifício e a vitória trazem deveria nos deixar mais leves.

Endureci até perceber que, se assim fosse, não haveria sentido continuar. Não é para ficar calejado, mas agradecido por mais uma experiência. Essa leveza me ajuda a curtir o trajeto até a conquista. Por mais espinhoso que seja.

Você pode chegar a 75 metros de uma árvore, pendurado numa corda de escalada, e pensar: "O que eu estou fazendo aqui?". Ou aproveitar muito aquele instante e dizer: "Nossa, olha aonde cheguei! Que vista!". Aconteceu comigo e fiquei uns quinze minutos parada. Não sabia o que fazer, comecei a pensar em milhares de possibilidades e riscos.

Às vezes, não dá para mudar o que se tem que enfrentar, apenas tornar menos sofrido. É dar um jeito de curtir ou ficar se perguntando: por que você? O que está fazendo ali? Será que vai dar certo? É quase uma autotortura.

Nessa aventura na árvore, optei pela primeira vez por me divertir. Aos poucos, eu passava para a minha família a dureza que estava adquirindo. Fiquei exigente, achando que todos tinham que ser durões e que isso tinha a ver com a atitude que temos diante da vida. Para mim, sempre foi um desafio viver. É algo que trago da infância: o que é fácil não tem valor. E temos a obrigação de enfrentar. Mas não é obrigação sofrer para ser merecedor de nada. Nem precisar engolir o choro. Ao contrário: se entregar é difícil, não é para qualquer um. Admitir dores, tristeza, dificuldades é para quem é de verdade e vive com verdade. Sem enganar ninguém, principalmente a si mesmo.

A disciplina não pode assustar nem ser vista como algo intransponível. Apenas faz parte de um planejamento, de uma estratégia. Mas no dia a dia intenso de treinamento, trabalho e família, perdemos essa leveza. O cansaço e a exaustão a levam embora. Endurecer não dá orgulho nem é prova de força. É encantador usar a delicadeza para exercer a força.

Lembro-me de uma japonesa no deserto do Atacama que corria toda coberta. Estávamos numa ultramaratona de 250 quilômetros, em sete dias, correndo com mochila nas costas e carregando tudo de que precisávamos. Dormíamos em tendas, no chão, sem banho por uma semana. E a mulher só deixava os olhos de fora, parecia uma figura muito estranha.

A imagem alimentava a minha imaginação. O que estaria ali embaixo daqueles tecidos? Imaginava tudo, menos o que se revelou. Camadas de roupa, um jeito desengonçado de correr e uma resistência capaz de suportar os 250 quilômetros no deserto. Nos últimos quilômetros, antes de concluir o dia mais longo da travessia (76 quilômetros), ouvi uma voz suave cantando em francês. Era a japonesa.

No dia da confraternização depois da travessia, aquela mulher surgiu linda, elegante, surpreendente. Tinha pele de porcelana, cabelos negros e lisos, voz tranquila e rosto de traços suaves. Nenhum sinal de que havia acabado de completar uma das mais desgastantes ultramaratonas do planeta.

Ela manteve a leveza. Seu olhar ainda era aquele sereno com que enfrentou cada quilômetro. Talvez até mais agora. Ali estava claro o que eu buscava: serenidade e tranquilidade até quando isso parece tão difícil.

Para que endurecer? Ao perder a sensibilidade, nos afastamos dos nossos sentimentos, vontades, alegrias, e, aos poucos, tudo vai perdendo sentido. O agora importa, o presente precisa ser prazeroso. Estar no deserto querendo estar em qualquer outro ponto do planeta é loucura. É possível estar lá e aproveitar o que acontece naquele lugar mágico, misto de dor e euforia.

Continuo aprendendo a ser leve. Minha filha tem uma parcela grande de responsabilidade nesse aprendizado. Quando me permiti chorar como uma criança ao completar a ultramaratona do Atacama, eu estava trocando a rigidez pela leveza. Passei a sentir tudo de verdade e a não querer dar uma de durona enganando a dor. Impossível achar que está no paraíso depois de cinco dias no deserto com machucados pelo corpo. Eu estava longe de casa porque queria, então não tinha por que reclamar.

"Sonhos determinam o que você quer.
Ação determina o que você conquista."
Aldo Novak

"Dor é inevitável. Sofrimento é opcional."
Haruki Murakami

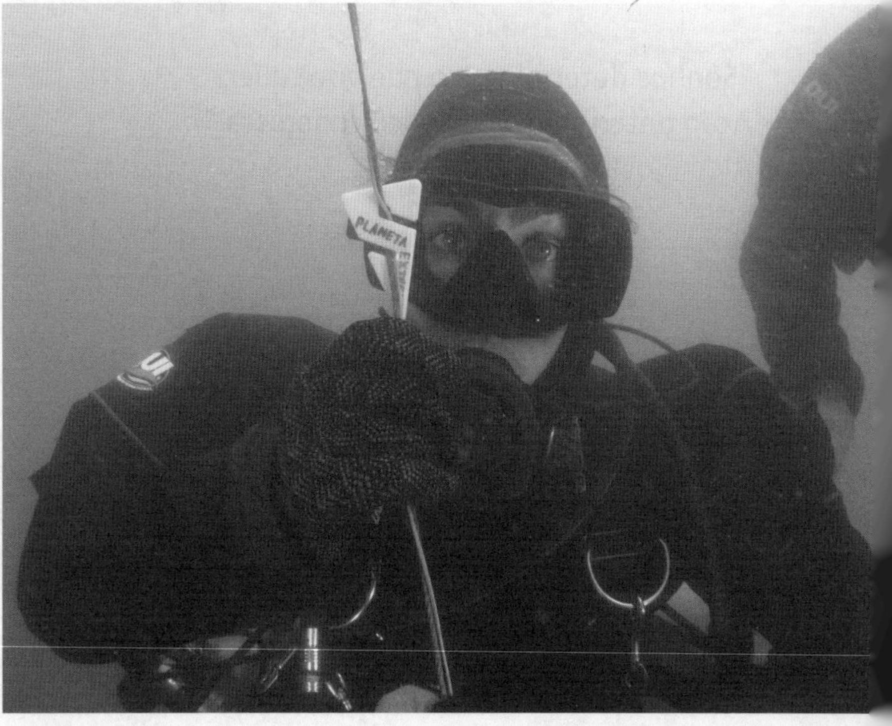
PLANETA

CAPÍTULO 5

O medo nosso de todo dia

Os corajosos não são aqueles que não sentem medo, mas aqueles que o enfrentam. É preciso coragem para admitir que o medo existe, e estar diante dele requer uma atitude. Enfrentá-lo, mas sem perder o respeito. Sim, porque o medo não deixa de ser um aviso de que estamos numa situação em que é preciso ter cuidado, se proteger, estar atento. O surfista de ondas gigantes Carlos Burle me disse que o medo era uma espécie de anjo da guarda.

São tantos os medos. Por exemplo: numa situação perigosa, há o medo pelo risco que o perigo envolve. Existe também o medo de deixar passar algo especial, de não viver uma grande experiência. É um dilema!

A decisão de enfrentar o medo, de desafiá-lo, de tentar entender até que ponto não se está superdimensionando esse sentimento é uma conquista. Não dá para simplesmente falar: eu não vou fazer porque sinto medo. Como assim? Medo de quê? Como isso pode ser contornado ou controlado? Até que ponto é um aviso para ter cuidado, mas não para desistir?

Tenho medo de altura. Jamais gostei de ficar nem mesmo encostada na grade de uma varanda, porque a sensação de iminência da queda me incomoda muito. Quando apareceu a chance de escalar sequoias, as árvores mais altas do mundo – e os seres vivos mais antigos do planeta –, fiquei fascinada. Só que teria que chegar a cem metros pendurada numa corda presa a um galho.

Até para enfrentar o medo, treinamento e preparação funcionam. Quando se começa a entender os riscos, as formas de minimizá-lo e de se proteger, é possível sentir prazer naquela situação de aventura. Aos poucos, a gente vai se libertando, sentindo-se menos preso ao medo e mais livre para aproveitar o momento.

Para escalar as sequoias, o treinamento no Brasil foi feito em árvores de vinte metros. Simulava o esforço físico subindo várias vezes seguidas, sem descanso. Já era atemorizante olhar para baixo... e quando eu estivesse a cem metros, o que sentiria? Não tinha como saber, só garantir que estaria preparada e conhecendo bem o equipamento de segurança.

Ao chegar à Califórnia, numa cidade de duzentos habitantes, com mais árvores do que gente, e ficar diante de uma delas, pensei: e agora? Passei a noite acordada, imaginando como seria o treino no dia seguinte, quando escalaria árvores de 75 metros.

É besteira sofrer por antecipação, mas, às vezes, é inevitável. Só pensava naquela gigante. E se o galho estiver podre e romper com a minha corda? Se pensarmos em todas as possibilidades e todos os riscos, nunca faremos nada grandioso.

Começamos a subir. A árvore era linda, e eu imaginava como seria a vista lá de cima. Meu coração ficou disparado o tempo todo. Ainda assim, à medida que ganhávamos altura, sentia uma alegria por estar vencendo o medo. Conseguimos. Saí forte e confiante para o dia seguinte: escalar a árvore de cem metros.

Era uma árvore bem mais imponente e com acessos mais complicados. Fui bem até os 75 metros, quando minhas pernas travaram. Era a mesma altura a que eu havia chegado no dia anterior, e, francamente, havia só mais 25 metros. Mas vai explicar isso quando a cabeça está saindo de controle? Ali, pendurada, imaginei milhares de coisas.

Estava acompanhada de um especialista americano e um mexicano e não tinha vontade nenhuma de falar outra língua. É a hora de tomar uma atitude e conversar com a própria mente. Parece loucura, mas pedi desculpas a eles por ter parado e fiquei uma "eternidade" contra-argumentando com o meu medo, explicando a importância de seguir adiante. Não tinha obrigação de seguir. Mas estávamos acompanhando a coleta de galhos que seriam clonados. Ao contrário do que acontece com animais, a clonagem de árvores é vista com bons olhos, como uma solução para a extinção de algumas espécies. Os galhos considerados mais "fortes" para esse processo ficam bem perto do topo. Se eu parasse ali, de nada teria adiantado subir.

Quando falei com a minha equipe pelo rádio, tive o incentivo que faltava. O produtor executivo, e meu grande amigo, Igor Tavares disse: "Força, você vai conseguir!". Eles estavam lá embaixo confiando e torcendo por mim. Eu tinha que voltar a escalar. E assim foi até o topo de uma das maiores árvores do mundo.

A altura me incomoda até hoje, mas deixou de ser um pavor. Mas existia um medo ainda maior dentro de mim: o de estar presa num lugar, confinada. Era um dos pesadelos que mais me apavoraram a vida toda: ficar presa. Imagine mergulhar numa caverna. Era uma possibilidade de reportagem que surgia: uma expedição de mergulho na China, um deles em uma caverna desconhecida e inexplorada.

O treinamento foi numa caverna em Mariana, no estado de Minas Gerais, com um especialista, o mergulhador Romeu Dib. O lugar era perfeito: água cristalina e uma caverna mais sinalizada do que muita rua de cidade grande. Ainda assim, sentia medo por estar com o teto sobre a cabeça.

Na China, quando vi o cubículo de caverna, tudo escuro, pensei em desistir. *Queria* desistir. O mergulhador francês que nos guiava apontou para uma pedra e disse que o início estava justamente embaixo dela. Eu não sentia a menor vontade de entrar ali.

Mas e a curiosidade de jornalista? O que podia estar escondido naquela caverna? O que eu sentiria? O que eu conheceria sobre mim mesma ao entrar ali? Queria ir em frente, mas o que fazer com o coração que parecia explodir?

Primeiro, respirei fundo. Depois, assumi o controle do que estava acontecendo, de cada pensamento. Entrei e estava tendo sucesso até alcançarmos uma pedra gigante, onde o nosso cabo-guia se enroscou. Não tínhamos mais direção, um caminho demarcado. Minha reação imediata foi: estamos perdidos aqui dentro!

Era a situação perfeita para o medo dar o bote e fazer a transição para o pânico. O teto sobre a minha cabeça. A falta de visibilidade e de referência. Fiz o que não deveria: enumerar todos os riscos daquele mergulho. Pensava na loucura de não enxergar um palmo à minha frente e de estar presa numa caverna no interior da China. Se algo acontecesse, quem nos tiraria dali?

Ficou muito claro para mim que, na hora do medo, ou se assume a situação, ou se perde o controle. As consequências poderiam ser fatais. Eu poderia colocar todos os que estavam comigo em risco. Além do francês e de Romeu Dib, estava conosco ali o mergulhador e cinegrafista

Gustavo Aba. Não foi uma decisão consciente, mas, não sei como, deu um clique e relaxei. Esqueci de tudo. Era como se não existisse mais nada: o silêncio da caverna. Em vez de me apavorar, o silêncio me deu tranquilidade. Tentei aproveitar aquela "paz". Parece loucura? Até acho que pode ter sido, mas a leveza me fez curtir o que estava acontecendo. Esqueci a ansiedade, os riscos, o medo, a minha vontade de sair dali. Fiz o que dava para fazer naquela situação: aceitar o momento e a necessidade de lidar com ele. Romeu Dib, além de excelente mergulhador, passava confiança pelo olhar. Foi ele quem tomou a decisão de que não iríamos mais seguir. Passamos quase trinta minutos lá dentro.

Quando saímos da caverna, permaneci em silêncio por algum tempo. Senti paz, alívio. Reencontrei nossa equipe e curti aquela alegria incomparável da conquista.

Pela primeira vez, tive autocontrole. Quem diria, não? Logo alguém que sempre sofreu de ansiedade, que pensava sempre no amanhã. Sabe esses planos que você vive fazendo? Se não pensar no agora, nada disso vai acontecer. Fui aprendendo a viver o presente, cada segundo, aquele segundo. Porque o próximo você pode nem ter a chance de aproveitar.

Até hoje, quando me lembro daquela caverna, vem a sensação de estar sufocada. Mas agradeço por ter tomado a decisão de entrar naquele buraco. Tirei um obstáculo do caminho.

Ainda não fico à vontade em elevador. Lugares fechados certamente não estão entre os meus favoritos. O medo não foi embora, mas já não atrapalha tanto.

Enfrentar o medo pode não ser uma opção. E há medos bem maiores que o de lugares fechados. Pode ser algo que a vida impõe. Há dias em que acordo com medo de que aconteça algo com a minha filha. Infelizmente, não temos como criar um ambiente 100% seguro para ninguém. Também não dá para isolar quem amamos em nome da proteção. Não é possível fugir da vida nem se proteger dela. Então, minha filosofia é: vai e encara.

"Para realizar grandes conquistas,
devemos não apenas agir, mas também sonhar;
não apenas planejar, mas também acreditar."
Anatole France

O que não te desafia não te transforma.

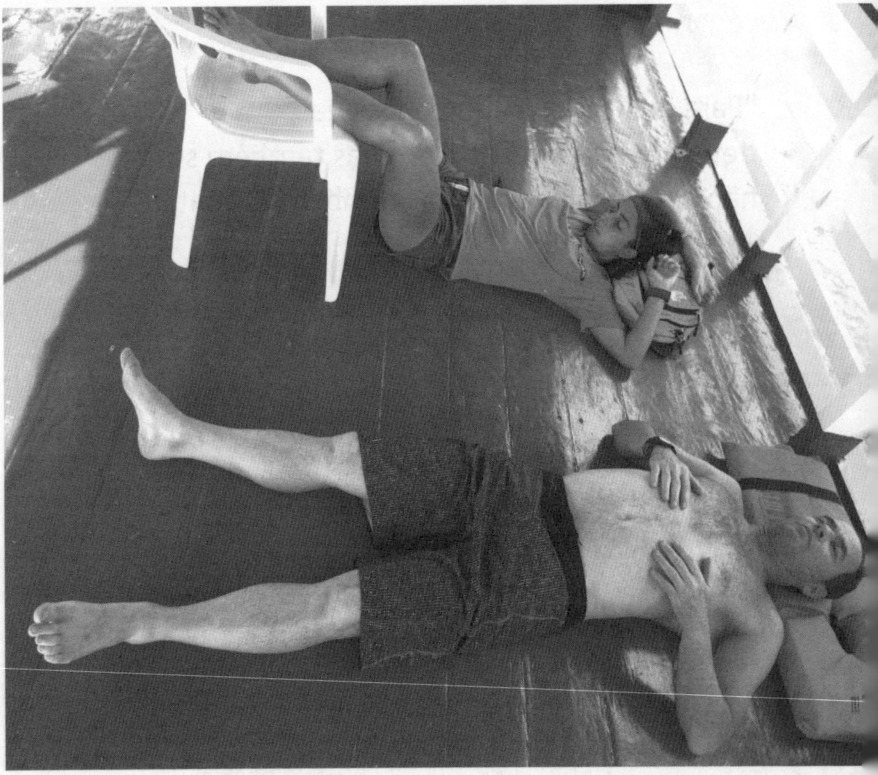

CAPÍTULO 6

Como ultrapassar os limites

O medo poderia ser um alerta de que eu havia chegado ao meu limite. Mas quando chegamos ao limite? Para mim, isso é algo difícil de perceber. Pode ser no emprego, em uma corrida ou mesmo em um relacionamento. Tenho vontade incessante de continuar tentando, principalmente quando envolve dedicação. Mais difícil do que desistir é aceitar que, talvez, já tenha chegado até o ponto a que podia ir. Procurar o limite é instigante. É travar uma batalha com a gente mesmo. Porém, não saber identificá-lo é perigoso e pode significar uma energia gasta inutilmente.

O medo nos atrapalha a encontrar o limite? Ou nos mostra onde ele está? Quando o medo é controlável? Quando está nos protegendo, alertando que não devemos ir além? O limite físico tem um alerta: a dor. Quando fica insuportável, é um sinal claro, inegável. Mas até onde a cabeça aguenta? Ou ainda: o que o coração suporta?

É difícil separar a dor mental da falta de controle. Como saber se a decisão de parar é algo consciente ou um vacilo, um momento em que o corpo assume o controle da mente? Quando o corpo dói, converso comigo mesma.

Peço ajuda aos meus neurônios, busco forças. Cheguei à conclusão de que só nós mesmos temos noção de até que ponto conseguimos ir.

Quem já correu uma maratona sabe que é impossível cruzar os 42 quilômetros sem sentir dor. O campeão sofre e o último colocado também, é bem democrático. Depois do quilômetro 30, o que nos leva em frente é o pensamento. As pernas já estão no automático. O que nos move é a consciência do quanto é importante estar ali. É ponderar que a desistência pode provocar ainda mais danos.

Correr uma ultramaratona significa sentir dor o tempo todo, no corpo inteiro. A dor fica brincando de alternar os pontos: joelho, pés, quadril, coluna. Surgem dores em tantos lugares que nem imaginava existir que passei a conhecer mais meu corpo, meus ossos, meus músculos. Cada dia era um dia, eu pensava em superar uma dor de cada vez.

Na maratona da Amazônia, lembro-me de ficar olhando à minha volta e pensar: só tem gente forte e experiente por aqui. Isso não é para mim. No deserto do Atacama, o mais árido do mundo, foram 250 quilômetros negociando com a dor. Foram sete dias de corrida, e o primeiro foi um dos piores.

Dormimos no deserto na noite anterior e fazia muito frio. Lembrei da Duda, minha nutricionista, que havia me aconselhado a engordar um pouco para ter mais gordura. Não consegui e passei a noite acordada, porque só o saco de dormir e o casaco não eram suficientes para me manter aquecida. Como a prova era de autossuficiência, só podíamos receber água. Todo o resto tínhamos que carregar na mochila: comida, medicamentos, roupa. Por isso, não levei um casaco muito grosso para não ficar com a mochila pesada. No deserto, a temperatura varia de 45 °C durante o dia a 0 °C à noite.

Largamos a 3 mil metros de altitude, com uma mochila pesando quase dez quilos. Me arrastava, puxava o ar e ele não vinha, queria correr e não conseguia. Será que era um esforço demasiado grande para mim?

Minha amiga Barbara Bassanesi sempre me diz que o que nos define são nossas escolhas diárias. A escolha daquele dia: 38 quilômetros com muitas subidas. Quando se está na altitude, é difícil respirar. Foram seis horas e 58 minutos brigando com o ar e a cabeça. O deserto mais alto do mundo mostrou o quanto pode ser agressivo. Correr na altitude numa temperatura acima dos 40 °C é uma ameaça. O coração acelera para regular a pressão e o fluxo sanguíneo. O risco de desidratação é grande. Na chegada daquele primeiro dia, depois de tanto desânimo e preocupação, tive a certeza de que chegaria até o fim. Seria uma batalha diária. Mas a chegada realimenta, traz de volta a confiança e nos lembra do porquê de estarmos naquela competição.

Ainda mais quando a meta é compartilhada. Assistimos à chegada de um atleta amputado de Hong Kong, Mr. Fon. Ao lado dele estava a mulher, Bing, que se dispôs a cruzar o deserto com o marido amputado para provar que é possível ir muito além do que parece. Eles estão juntos há 34 anos. Ela foi a enfermeira que o atendeu no dia em que foi atropelado e precisou amputar a perna.

A motivação vem na hora com um exemplo igual a esse. Naquele primeiro dia, o corpo já precisava de cuidados, e tínhamos pouco tempo de recuperação. Por isso, naquelas horinhas de intervalo, a prioridade era cuidar dos pés, dos ferimentos – já havia muitas bolhas nos ombros e na cintura por causa da mochila.

É assim numa ultramaratona: lidar com as dificuldades, com as dores, mas não se esquecer de curtir o momento.

Deixar para pensar sobre o dia seguinte quando ele chegar. A minha essência, antes tão ansiosa, vem aprendendo a viver no presente. A corrida deixa isso muito claro: se você estiver com a cabeça fora dali, pensando em como será o outro dia, você só tende a perder. O dia seguinte não chega. O pensamento tem que estar no real. Sempre. Mesmo porque como é possível prever o que você vai sentir no dia seguinte? Qual será a dor, quais serão os obstáculos? Não dá para adivinhar.

Nunca é como imaginamos. A largada é uma oportunidade e traz gratidão pela chance de recomeçar e buscar mais uma conquista. Pela frente, problemas que se repetem: dores musculares, ferimentos nos pés, cansaço, exaustão. E imprevistos ou erros. Quando passamos por um posto de hidratação, por exemplo, e optamos por não pegar água extra por causa do peso da mochila. Fomos imprudentes e irresponsáveis. O trecho não era longo, só oito quilômetros, mas o terreno era muito irregular. O pé afundava, e a travessia demorou muito mais do que esperávamos. Não havia ninguém por perto, não era possível pedir ajuda. Tínhamos que seguir até o próximo posto de controle. Boca seca, fraqueza, moleza – sinais de desidratação. Sofremos mais do que precisaríamos. Sinais que poderiam ter nos tirado da prova. Nessa hora, não podemos cometer erros.

Cada nova etapa é um recomeço. Imagine o quanto isso acontece na sua vida? Temos sempre oportunidades para recomeçar. Elas aparecem, só precisamos estar abertos para aproveitá-las. Muitas vezes, quando essas chances surgem, a cabeça divaga. É fácil elaborar milhares de desculpas e porquês para não ir adiante. É um autoboicote. E não raro acontece em várias situações. Quando aparece algo novo na vida profissional, às vezes a cabeça liga a chave da excitação;

outras, a do desespero. "Meu Deus, como vou fazer isso?", dizemos para nós mesmos. Se houver planejamento e estratégia, sempre dá para colocar em prática.

No Atacama, o objetivo era conseguir chegar à penúltima etapa da ultramaratona em condições de largar no dia seguinte. Todos estavam machucados, com dores e lesões, isso não era privilégio de ninguém. Seriam 76 quilômetros e várias incertezas. Um desafio e tanto. Mas incertezas não podem se transformar em obstáculos nem nos fazer duvidar da nossa própria capacidade.

Era uma longa jornada, uma prova à parte. Não demorou para a euforia da largada dessa nova etapa se transformar em cansaço. Também não demorou para surgirem os já esperados imprevistos. O sol, de tão forte, queimou a minha mão direita, e eu demorei para perceber. Na hora, nem pensei direito. Pedi ao médico que enfaixasse a mão, apesar de não ser o mais indicado. Só queria protegê-la do sol para evitar que piorasse. Queria seguir em frente, e aquilo era pouco para me fazer desistir.

Começamos a correr às oito horas da manhã. Consegui manter a cabeça erguida por muitas horas. Mas, depois de anoitecer, já com doze horas de prova, a cabeça abaixava e era um esforço enorme reerguê-la. Cada vez que conseguia levantar e olhar o horizonte, sentia orgulho. À noite, nos guiávamos por umas luzinhas que indicavam a trilha. Ao contrário do Polo Norte, dessa vez não estava sozinha: o Clayton corria comigo. Ter alguém ao lado no deserto é uma grande ajuda.

A ironia é que, ao mesmo tempo que se tem apoio, é preciso estar pronto para apoiar o outro a qualquer momento. A gente nunca sabe quem vai precisar de ajuda nem quando. É difícil ter força e energia para dividir. Mas é uma parceria, certo?

Quando deu meia-noite, eu não conseguia mais fazer o que encaro como meta: sempre pensar na distância já percorrida. Só faltavam dois quilômetros, mas eu estava muito perto do meu limite.

Marquinhos, meu técnico de corrida, sempre me aconselhou: não abaixe a cabeça, não importa a dor que esteja sentindo. Isso mostra a postura que temos diante do que está acontecendo. Olhar para baixo é um passo para desistir, porque o desânimo vem, a dor aumenta, os quilômetros ficam mais longos. É a postura de quem está conformado, vencido.

Naquela hora, eu lembrava das palavras dele, mas estava muito difícil. Mais do que cansaço físico, eu sentia dores nos ossos dos pés, que estavam enormes de inchados. Faltavam dois quilômetros, mas um passo já me parecia muito, o que dizer então de 2 mil metros.

A mente me largava e voltava o tempo todo. Tive todos os tipos de pensamento. Tinha perdido o controle. Queria segurar o choro – tanto de dor quanto de emoção. Só eu sabia o quanto estava difícil dar cada passo. É uma conquista silenciosa e solitária. Quem assiste não percebe. Diante de tantos quilômetros, como comemorar aqueles poucos passos?

Mas é na reta de chegada que está a verdadeira sensação de vitória. Não é preciso ter aplausos, reconhecimento de ninguém. Aquele momento pode passar despercebido, mas representava uma grande conquista. Vibrei e me emocionei com cada passo. Fui ficando mais forte mentalmente e com a certeza de que terminaria aquela ultramaratona. Eu merecia porque, apesar de tudo, continuava seguindo em frente.

Foram dezesseis horas e quarenta minutos. Quando chegamos perto do limite, tem de haver algo mais forte. "Temos que superar os limites do homem", disse Mr. Fon quando chegou ao lado da mulher, depois de 22 horas.

Ainda não havia acabado: faltava a última etapa, só nove quilômetros, para comemorar. Para lembrar o que buscávamos naquele lugar inóspito. Era mais do que ultrapassar os limites. Era o prazer e a alegria genuína que sentimos quando nos desafiamos – e conseguimos!

Lembrar do Atacama me traz um sorriso, solto e verdadeiro. Reforça a minha certeza de que o melhor está sempre por vir. As unhas perdidas. As bolhas. A queimadura. As dores e as lesões. Tudo isso passou. Nunca vou esquecer o que senti naqueles últimos dois quilômetros. Estava no meu limite e consegui superá-lo. Isso vai acontecer outras vezes na minha vida, assim como na vida de todo mundo. Podemos sempre quebrar os limites. A gente só precisa acreditar e se preparar para isso.

"Cada sonho que você
deixa para trás é um pedaço do
seu futuro que deixa de existir."
Steve Jobs

Todo progresso acontece fora
da zona de conforto.

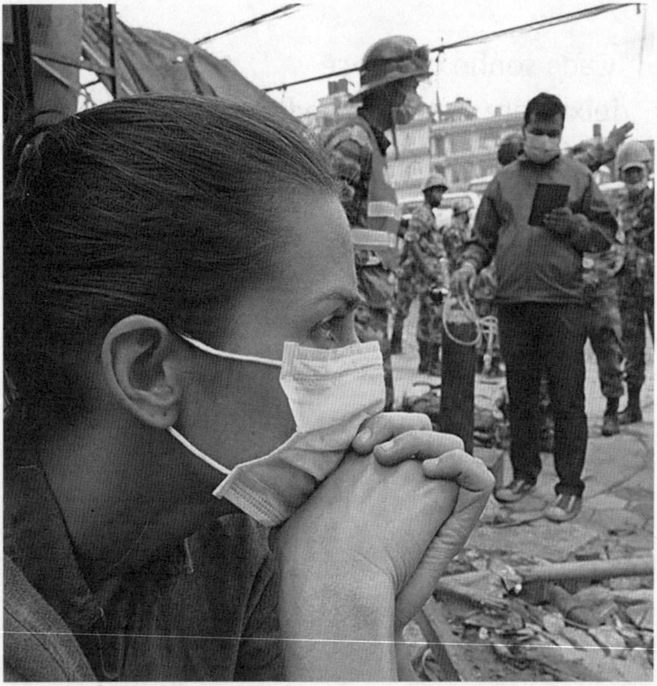

CAPÍTULO 7

A descoberta da fé

Acima de qualquer religião, é importante ter fé de que tudo vai dar certo. Eu acredito que há no mundo algo muito maior do que nós, que foge ao controle e à lógica.

Estávamos na estrada entre Katmandu, a capital do Nepal, e a cidade de Pokhara, as duas maiores do país. E exatamente no epicentro de um terremoto que atingiu o Nepal em 25 de abril de 2015. Da janela do carro, víamos fumaça e pessoas correndo. Passaram-se alguns minutos até entendermos o que estava acontecendo.

Saímos correndo, sem saber de que, nem para onde íamos. Na rua, o olhar perdido de todos. Qual era o tamanho daquela tragédia? Ninguém sabia ainda. Com a comunicação ruim, as informações chegavam aos poucos. O número de mortos subia. Em segundos, casas e templos foram destruídos.

Voltamos para a capital, que tínhamos deixado horas antes. Katmandu foi o local mais atingido. Na madrugada, sem luz, pessoas caminhavam de um lado para o outro, todas com medo de voltar para suas casas. Famílias nas ruas, sem tendas para proteger do frio, que veio logo em seguida ao terremoto. Eram milhares de pessoas, e qualquer espaço virava abrigo. Dividiam lençol e dormiam juntas, grudadas, para se aquecer.

No hospital, toda forma de dor. Uma menininha chamava "mommy, mommy", enquanto o corpo da mãe era coberto por um saco plástico. Pais seguravam recém-nascidos. No mesmo espaço, eram atendidas todas as emergências. Havia marcas de sangue por todos os lados. Faltavam maca e lenha para a cremação. Nas religiões budista e hindu, não há enterros. Os corpos são queimados em um ritual de despedida.

Não havia tumulto, correria, desordem ou violência. Com os templos sagrados destruídos, os fiéis improvisavam espaços para orações. E diziam que rezavam não só por eles, mas por todos no planeta.

Apesar da tragédia, das perdas, da tristeza e do risco ainda iminente, as pessoas mantinham uma serenidade no olhar. Como conseguiam?

Se eu ainda duvidava da força da fé até então, tudo mudou. Aquele povo tinha perdido tudo – casa, família, amigos –, mas continuava acreditando num Deus, sem culpá-lo pelo que havia acontecido. Eles não perderam os seus valores, a generosidade e, principalmente, a espiritualidade. A fé continuava inabalada. Eles não deixaram de rezar em nenhum momento. Também não questionavam seus deuses. Seguiam juntos. Como explicar tanta serenidade diante de tamanha tristeza?

Aqueles corpos franzinos, de aparência frágil, tinham uma verdadeira fortaleza em suas almas, seus espíritos. Conseguiam manter o sorriso e a paz, acordar e se levantar para mais um dia. O que eu achei mais admirável foi a generosidade. Dividiam comida, mesmo sabendo que não havia estoque. Eles nunca deixavam de se preocupar com o outro, nada parecia abalar o amor que sentiam. Como manter tanta dignidade e bondade no meio do caos?

Em questão de segundos, aquele terremoto provocou a morte de cerca de 10 mil pessoas. Como uma tragédia pode ter acometido um povo tão puro e sofrido? Em um vilarejo afastado da capital, encontramos um homem que fazia uma oração sobre um monte de escombros. Estava todo de branco, com um olhar perdido. A cidade parecia fantasma, não havia mais vida ali. O homem contou que tinha conseguido salvar a mãe, mas havia perdido a filha. O corpo dela estava soterrado naquele lugar.

Eu mal conseguia olhar para ele. Uma menina de quatro anos, como a minha filha. E aquele homem estava resignado, generoso ao contar sua história. "Fazer o quê", disse ele. "É a vida." Resiliência, nada mais.

Os nepaleses conseguiram manter a fé num momento em que o desespero parecia ser o mais natural. Eu trouxe essa fé para a minha vida. Passei a "acreditar", e o dia a dia ficou menos duro. Há algo maior, aceitei isso. A maneira como nos colocamos diante das dificuldades faz muita diferença. É também uma forma de admitir o quanto somos pequenos neste universo. Aprendi a ter mais humildade e a não exigir mais lógica e planejamento de tudo. O controle não é só nosso, porque somos apenas uma pequena parte dessa história.

Mas é possível nos dedicarmos ao máximo para que a vida, ainda que curta, seja bonita e justa – não só para nós mesmos. Passei a acreditar em um Deus, nos deuses hindus e também no budismo e no espiritismo. Não escolhi uma religião, mas tenho a fé como destino. Sou grata ao povo que me mostrou o que é ter fé. O poder desse sentimento é grandioso. Guardo a fé de que o melhor ainda está por vir, sempre!

"Fé não é algo para se agarrar,
mas um estado para se crescer."
Gandhi

"A fé consiste em acreditar mesmo
quando parece além da razão."
Voltaire

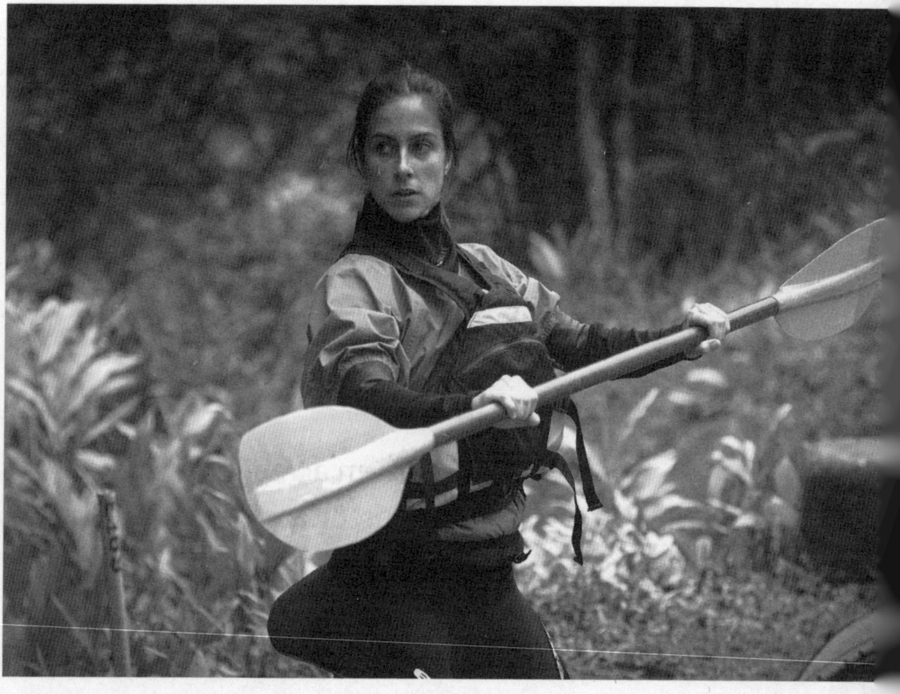

CAPÍTULO 8

O prazer de treinar

Chegou um momento em que não dava mais para ser no atropelamento, eu necessitava de treinamento, preparação e dieta. O sucesso do meu trabalho dependia do rendimento do meu corpo. Aos 31 anos, precisava chegar ao auge do preparo físico.

Procurei ajuda de especialistas – três pessoas que já conhecia havia muito tempo, porque preciso ter confiança em quem está à minha volta. Todos acreditaram em mim e apostaram no projeto, mas sem rodeios deixaram todas as minhas fragilidades à mostra. Foram bem diretos. Mas é disso que se precisa na busca da evolução, e não de um elogio para nos manter numa falsa zona de conforto.

Como já corria havia alguns anos, procurei o meu amigo-triatleta-treinador Marcos Dantas. Ele tinha me passado planilhas para disputar a primeira maratona e outras tantas meias maratonas. Sempre soube das minhas limitações como corredora, da minha vida sem rotina nem tempo, mas ele sempre acreditou em mim. Quando ligo contando qual é a próxima corrida, depois de um segundo de silêncio ele diz: "Dá pra fazer". Já até conheço a reação. Saber que ele embarcaria comigo sempre que eu ligava avisando qual seria a prova seguinte fez toda a diferença. E a distância foi só aumentando: 42 quilômetros no Polo Norte, 127 quilômetros na Amazônia, 250 quilômetros no Atacama.

Palavras dele: "Toda vez que você me liga para 'perguntar' se deve ou não fazer determinada prova, sei que a decisão já foi tomada. Você está apenas me comunicando de maneira educada (risos), e eu adoro isso". Marcos nunca aceitou meus argumentos listando as dificuldades, dizia que todo mundo tem os seus. É verdade: não adianta achar que é mais difícil para nós do que para os outros. Desde o início, ele não me mandou só planilhas. Ao final de cada treino, vinha uma frase de apoio. Marquinhos reconhece o quanto a mente é importante em grandes desafios. Assim como eu, sempre acreditou em trabalho, em vez de milagres. "O termo 'corrida de aventura' não se aplica ao que fazemos", diz ele. "O que a Carol faz não é aventura. Tudo é fruto de uma programação que só pôde ser feita porque ela se preparou. Isto envolve o treinamento de corrida em si, nutrição e fortalecimento muscular."

Foi o Marcos quem me ensinou como encarar ultramaratonas de mais de um dia: ser bem econômica nos primeiros dias, guardando energia. Não desconcentrar. Ficar sempre atenta à hidratação e à alimentação e descansar! "Se estiver em pé e puder sentar, sente; se estiver sentada e puder deitar, deite; se estiver deitada e puder dormir, durma!", diz ele.

No fundo, meu treinador tem tanto tesão quanto eu por essas corridas loucas. É um viciado em desafiar o corpo, mas sabe exatamente a importância da confiança às vésperas de uma prova. Quando embarquei para o Atacama, ele me mandou uma mensagem que virou um mantra: "Sei que você não está indo para tentar concluir a prova. Está indo para encarar cada largada, correr e cruzar a linha de chegada! Não existe a palavra 'tentar' em nosso dicionário".

Na volta do Atacama, foi a segunda pessoa para quem liguei: primeiro meu ex-marido, depois ele. Só deu tempo de falar: "Consegui" e desatar a chorar. E ele chorou junto. Porque sabia que tinha chegado junto comigo. Logo depois mandou o seguinte e-mail: "Estou muito feliz por você ter atingido seu objetivo, pois quando isso acontece eu conquisto o meu também. A melhor coisa dessa profissão é ver a emoção da conquista de quem a gente treina. No seu caso eu não vi, eu ouvi, o que foi ainda melhor! Chorei que nem criança em casa".

Como eu não faria só ultramaratonas, tinha que estar preparada para escalar, correr, remar num intervalo curto de tempo. Tinha que ganhar força. Procurei uma pessoa que me conhece desde os 20 anos, o professor de educação física César Parcias. No segundo semestre de 2013, eu já tinha corrido a maratona do Polo Norte e, em dois meses, faria os 127 quilômetros na Amazônia. Meu condicionamento cardiorrespiratório era bom, mas precisava melhorar a composição corporal, a relação percentual de gordura e massa muscular. Eu era do tipo roliça e não pretendia ficar "saradona". Só queria que meu corpo entrasse num modo em que rendesse melhor.

Faltava força, principalmente, nos músculos do "core". São eles que criam uma estrutura forte de quadril e coluna. Essa combinação de condicionamento cardiorrespiratório excelente com estrutura física fraca, além de comprometer o desempenho, poderia levar a lesões no futuro. César me dizia que precisava fortalecer minha aparência frágil e que minha força mental seria muito importante. E, claro, o comprometimento com os meus objetivos.

Meu corpo mudou: de manequim 38/40 passei para 36. Nem quando eu tinha 15 anos vesti 36. Gostei das mudanças estéticas, mas elas nunca foram o objetivo principal. O objetivo era estar pronta para os desafios. Conseguimos atingir as primeiras metas e continuamos treinando pensando nas do futuro. O treinamento com o César passou a fazer parte do meu dia a dia. Não abandono mais, porque consigo me equilibrar e dar mais harmonia ao meu corpo.

Precisei também do apoio de uma nutricionista. Sempre busquei uma alimentação saudável, isso é algo que trago da infância. Mas, para ir ao extremo, teria que ir além na alimentação. Tive que abrir mão de algumas gulodices, alguns confortos. Não quero dizer ser radical, mas estar atenta ao que o corpo precisa durante cada fase de treinamento.

A nutricionista Duda Guaraná é minha melhor amiga há anos e sempre me deu dicas de alimentação. Mas agora seria diferente para nós duas. Ela teria que me transformar em uma atleta, ainda que amadora. Cheguei ao consultório com 55 quilos e 22% de percentual de gordura. Sentia que faltava energia, tinha dificuldade para ganhar massa muscular – a chamada massa magra – e sentia uma vontade enorme de comer doces. Por ter passado quinze anos sem comer carne e frango, minha ingestão de proteína era muito baixa. Sem contar as inúmeras gripes, um verdadeiro tormento. Não poderia mais ter essa instabilidade, essa fraqueza na saúde.

Comecei a seguir uma dieta na mesma época em que intensifiquei o treino com o César. Ela priorizou minha imunidade. Passei a tomar probiótico, suplemento de proteína e geleia real. O objetivo não era perder peso, mas gordura. Em um mês, perdi 3% de gordura e três centímetros de quadril. Não era uma mudança radical, nem queríamos isso, porque eu não podia ficar frágil. Outra preocupação era a combinação de treinos intensos com pouco descanso, o que também influenciava a dieta.

Aos poucos, meu desejo por doce diminuiu, meu corpo se tornou mais ágil, e eu passei a responder melhor aos treinos. A cada desafio, Duda adaptava minha dieta. Meu corpo tinha se transformado em um instrumento de trabalho. Tive que me expor a mudanças que eu não gostaria, mas era parte do projeto. No meio disso tudo, descobri que tinha uma deficiência no rim direito, provocada por uma malformação. Mais uma vez, adaptamos. Reduzi os produtos que sobrecarregam o rim, como suplementos pré-treino e *shakes* de proteína. Como sempre, quando aparece um obstáculo, nós contornamos e seguimos em frente.

Quando fui escalada para andar de caiaque no Havaí, resolvi treinar apneia. Precisava conseguir ficar sem respirar debaixo d'água para alguma eventualidade. No mar, eu estaria vestindo uma roupa de borracha que fica presa ao caiaque, fazendo com que se tornem um só corpo. Eu precisava me preparar para a possibilidade de o caiaque virar e eu ter que conseguir tirar a roupa e me soltar. Para isso, precisava ter tranquilidade para administrar os segundos que podem parecer minutos quando não se pode lançar mão de um instinto básico de sobrevivência: a respiração.

Pode ser simples desvirar o caiaque, se o movimento de rolamento estiver dominado. Mas é preciso treinamento. Não só do rolamento e de um mínimo de domínio do caiaque, mas da resistência por mais tempo dentro da água. Sim, sem respirar, num termo mais técnico: em apneia.

Acontece que, nessas horas em que corremos risco, o mais natural é o coração acelerar, a ansiedade aumentar. Além do pânico, há um aumento do consumo de energia do corpo e uma necessidade maior de entrada de oxigênio. O processo mais natural é: ficar calmo, ter a garantia de que é capaz de ficar ali por um tempo sem respirar, pensar e reagir. Seja com o rolamento para desvirar o caiaque, seja puxando a saia e soltando o corpo.

A tranquilidade, para mim, só vem por meio da preparação. Tinha que treinar apneia para construir confiança e, numa hora decisiva, saber que sou capaz de ficar sem respirar por um tempo, porque já estive naquela situação antes. Não é assim que acontece no nosso dia a dia? Quanto mais uma situação nos parece familiar, mais tranquilos e confiantes ficamos para administrar imprevistos e emergências.

Ricardo Bahia é recordista de apneia estática. Liguei para ele e me inscrevi em seu curso. Precisava buscar a paz que ele consegue atingir com o rosto dentro da água. Mas precisava de alguém que estivesse acostumado a lidar com apneia em movimento. Liguei para o surfista de ondas gigantes Carlos Burle e pedi uma indicação. Veio o nome de Salvador Lamas. É diferente suportar a apneia com o corpo em movimento, consumindo energia.

Duas vezes por semana, encontrava Salvador numa piscina semiolímpica. Durante três meses, cruzava a borda de um lado ao outro arrastando um paraquedas, carregava um bastão e nadava no limite da velocidade que poderia, sem tirar o rosto da água. Era exaustivo, mas a cada dia saía da piscina com alguns segundos a mais em apneia. Era uma evolução que podia ser medida. E o resultado é o maior estímulo para seguir em frente.

Fomos para o Havaí e eu não virei! Não precisei usar nada do que havia treinado. Mas será que, se não estivesse pronta, preparada, o imprevisto não teria aparecido? Será que não foi essa confiança que me ajudou e evitou que eu virasse?

Não importa. Eu estava preparada. Não gosto de contar com a sorte. Vai que naquele dia ela não está ao nosso lado.

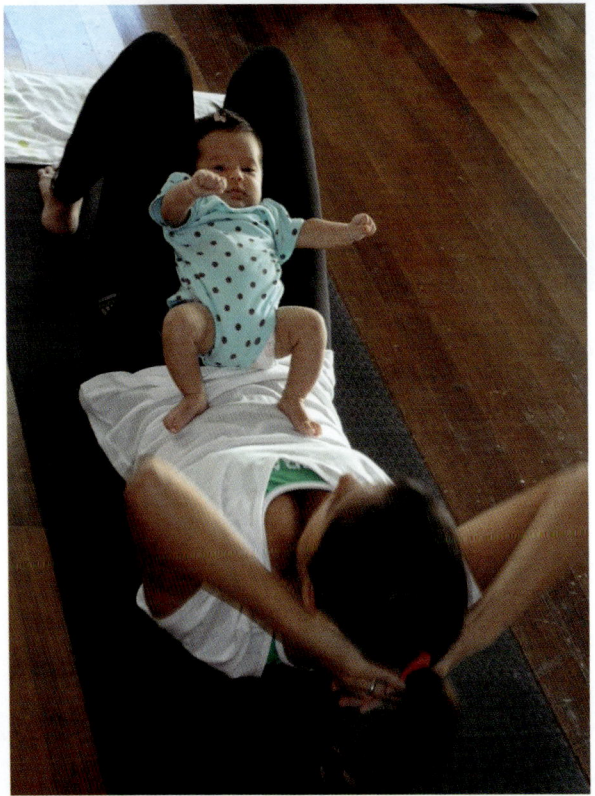

Minha parceira em tudo. Quando a Ju tinha três meses, praticávamos yoga juntas

Os treinamentos específicos mudavam a cada desafio...

Mas o funcional (fotos à direita) era a base de tudo

Amazônia, minha primeira ultramaratona: 127 quilômetros

Tive que superar meu medo de altura para escalar as sequoias, as maiores e mais antigas árvores do mundo

Presenciar a tragédia no Nepal me fez enxergar outra dimensão para a vida

Voltei do Nepal no Dia das Mães. Foi muito emocionante ter reencontrado a minha família depois de ter visto tanta dor, tanta morte

Se eu ainda duvidava da fé, os nepaleses me mostraram que existe algo maior. Passei a acreditar e o dia a dia ficou tão menos duro

Dois momentos de corrida em família: com o Bruno, meu ex-marido, em Nova York; e com a Juju, na sua primeira prova

O medo quase deu o bote, mas eu consegui manter o controle e concluir o mergulho numa cidade submersa na China

Fazendo rapel com o povo Gurung, que pega favas de mel nas encostas das montanhas

Gravação de um episódio do
Planeta Extremo no Havaí

Maratona do Polo Norte, a corrida mais especial da minha vida

No meio do nada, comecei a descobrir que a graça do desafio está no prazer de vencê-lo

No Nepal, com Clayton Conservani e o montanhista Makoto Ishibe

Cruzando o deserto do Atacama em uma ultramaratona (250 quilômetros) de sete dias. Com o Clayton e toda a equipe do *Planeta Extremo*

No dia mais longo da travessia do Atacama, enfrentamos 76 quilômetros. Todos estavam com dores e lesões. Era hora de olhar para a frente, e acreditar!

Ainda no Atacama, com Clayton e nossos companheiros de barraca: Fon, atleta amputado de Hong Kong que completou a prova com o apoio da mulher, Big

Novos rumos...

...e novos desafios!

Experiência vivida a partir da travessia de 127 quilômetros de *stand-up paddle* no rio Negro, na Amazônia

Propósito e um sonho: Projeto Destemidas

Mulheres que se apoiam, caminham e correm juntas

Na França, durante a Copa do Mundo, minha filha, Julia, e Formiga, que esteve em sete Jogos Olímpicos e sete Copas do Mundo

No mesmo evento, Julia, minha mãe, Mônica, e a rainha Marta, seis vezes melhor do mundo

Um ano depois do esperado: as Olimpíadas de Tóquio

Mulheres na cobertura dos Jogos Olímpicos

Com minha filha, enteada, Clara, e afilhada, Maria, em um acampamento

Meus amores: Julia e Deco

"Lembre-se de que cada dia que você
deixa de treinar, ou de se dedicar
ao treinamento, significa um dia
mais distante na realização de seus sonhos."
Bernardinho

Quando você pensar em desistir,
pense em por que você começou.

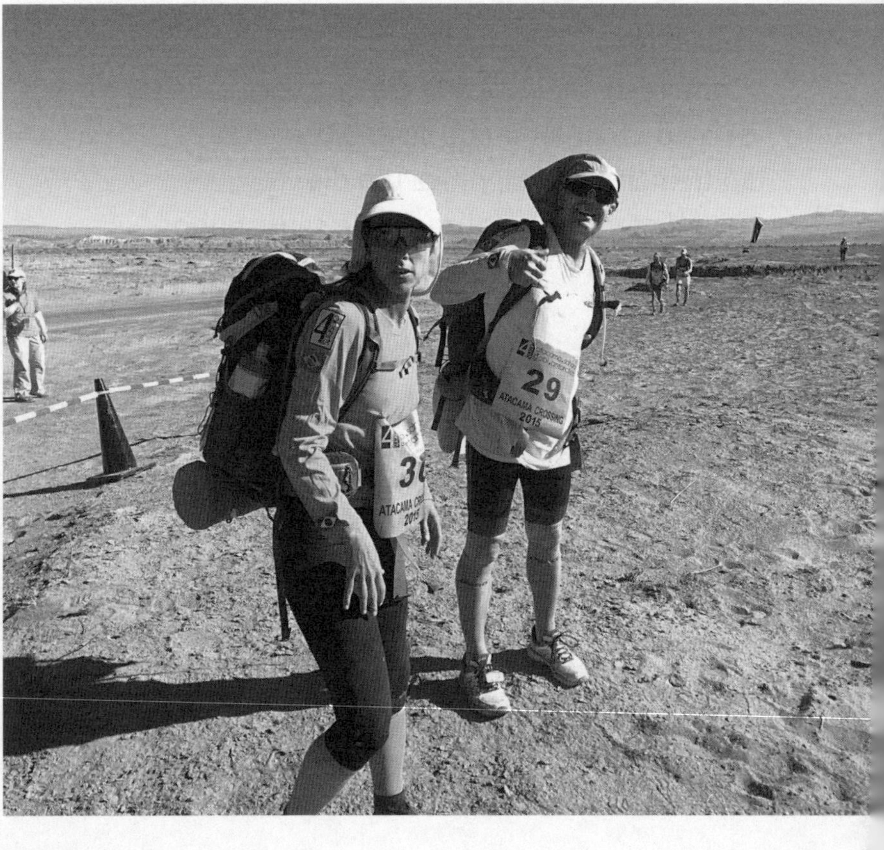
29
ATACAMA CROSSING
2015

CAPÍTULO 9

O tal do fluxo

Quando alguém fala que sou louca por fazer uma ultramaratona no deserto, 250 quilômetros correndo com os pés cheios de bolhas, penso na sensação que surge nesses momentos. Naquele lugar, não me lembro de nenhuma tarefa de casa ou problema no trabalho. Esqueço das contas, dos compromissos. Estar totalmente focada em uma experiência traz a sensação de que aquele momento está sendo vivido de forma intensa e verdadeira.

Os cientistas chamam essa sensação de fluxo. Desenvolvido pelo psicólogo húngaro Mihaly Csikszentmihalyi, da Universidade de Chicago, o conceito designa o estado de consciência em que a mente e o corpo se encontram em perfeita harmonia. Segundo ele, a felicidade surge nesse estado de fluxo, quando a pessoa está concentrada no que faz, perdendo até a noção de tempo. Mas, para chegar lá, é necessário um alto grau de desafio e de habilidade. Csikszentmihalyi descreve o fluxo como um estado em que a atenção, a motivação e a habilidade encontram-se numa harmonia positiva. Por isso, mesmo quando envolve muito sofrimento físico, horas depois dá vontade de enfrentar tudo de novo. É porque essa alegria é intensa e verdadeira. Ou, se preferir, o tal do fluxo é bom demais.

"Chamamos essa experiência de fluxo porque é essa a sensação. É como se cada ação, cada decisão, levasse à próxima, de maneira fluida, sem esforço, de forma consistente. É a resolução de problemas em alta velocidade, é deixar-se levar pelo ponto alto do desempenho. O fluxo o catapulta para um nível em que você não está naturalmente", explica Ned Hallowell, psiquiatra da Harvard Medical School.

Conseguiram criar um termo científico para uma das mais especiais sensações. "O fluxo é a porta de entrada para aquele 'algo mais' que a maioria de nós está buscando", afirma o jornalista Steven Kotler, autor do livro *Super-humanos: como os atletas radicais redefinem os limites do possível*. "Em vez de se contentar com o que já alcançou, achando que não há mais nada, por que não ir além?"

Entrar no "fluxo" é como migrar para outro "estado", em que tudo está conectado e decidido a ir além. Corpo, mente e espírito juntos. Essa integração pode nos mostrar que somos bem mais fortes do que acreditávamos ser. Porque é nessa hora que todas as forças estão voltadas para a mesma direção. Afinal, como saber que você não é capaz de fazer qualquer coisa sem antes se dedicar integralmente a ela? Não é fácil se entregar. Mas, quando isso acontece, mudamos a referência de até onde podemos ir.

Em seu livro, Kotler apresenta um estudo inédito sobre o estado mental que permite a pessoas comuns redefinir os limites do possível. "Por trás de cada uma dessas façanhas, está uma longa lista de pequenos passos: história, tecnologia, treinamento – e não apenas treinamento físico, mas mental também. O sucesso nessas atividades estimuladas pelo perigo exige talentos psicológicos e intelectuais incríveis, como determinação, força, coragem, criatividade, resiliência, cooperação, pensamento crítico, reconhecimento de padrões e tomada de decisões cruciais em alta velocidade."

O campeão olímpico de natação Michael Phelps afirma que "o que fazemos no escuro é o que nos leva à luz". Phelps é um caso à parte, claro, é uma lenda do esporte de alto rendimento. Mas se até ele reconhece a importância de treinar muito, o que dizer de nós, mortais? Pode ser que tenha gente com mais talento, mas isso não é desculpa para não trabalharmos duro, darmos o nosso máximo.

E o que dizer sobre o rendimento? Será que não pode melhorar em tudo que fazemos? As histórias são diferentes, mas o caminho é parecido. Quem se entrega mais vai mais longe. Não existe meio-termo quando a gente busca algo grandioso – e não estou falando do ponto de vista do que os outros vão achar daquele feito, mas do que ele representa para você.

A entrega tem que ser diária. E, claro, essa entrega tem que ser total na hora do "vamos ver". Nesse momento, temos que deixar tudo de lado, tudo que está fora do foco. Porque se não tem como estar em mais de um lugar ao mesmo tempo, esqueça o resto e esteja ali, por inteiro.

Claro que já tive vontade de voar. Durante a ultramaratona, volta e meia eu pensava: "Onde está e como está a minha filha?". Queria me dividir: ter uma Carol cuidando da Juju e outra no deserto do Atacama. Mas, como isso é impossível, temos que estar com a alma onde o corpo está. Quando vêm a dor e o cansaço, a certeza de onde se quer chegar não pode desaparecer. É pensar no agora, naquele passo presente que vai levar você adiante. É uma situação de desconforto físico e mental. Mas lidar com o desconforto é uma forma de quebrar limites.

Kotler diz que "de tudo o que esses atletas de alto rendimento conseguiram conquistar, nada é mais impressionante que o domínio que têm do estado conhecido como fluxo. A maioria de nós tem ao menos uma familiaridade passageira com o estado de fluxo. Se alguma vez você perdeu uma tarde em uma boa conversa ou se envolveu num projeto de trabalho a ponto de esquecer todo o resto, você passou por essa experiência. No estado de fluxo, ficamos tão concentrados na tarefa que estamos desempenhando que tudo o mais desaparece. Ação e consciência se fundem. O tempo voa. O eu desvanece. O desempenho vai às alturas".

Quando estou treinando ou enfrentando algum desafio, estou ali por inteiro, esqueço de todo o resto, fico focada. Isso ajuda a enfrentar os medos, os obstáculos. E aí vem a tranquilidade, a paz. Levei tempo para enxergar isso, porque uma parte de mim sempre quer estar ao lado da Julia. Mas aprendi a aproveitar o que a distância traz.

"Algumas pessoas querem que algo aconteça,
outras desejam que aconteça,
outras fazem acontecer."
Michael Jordan

"Você nunca sabe que resultados virão
da sua ação. Mas, se você não fizer nada,
não existirão resultados."
Gandhi

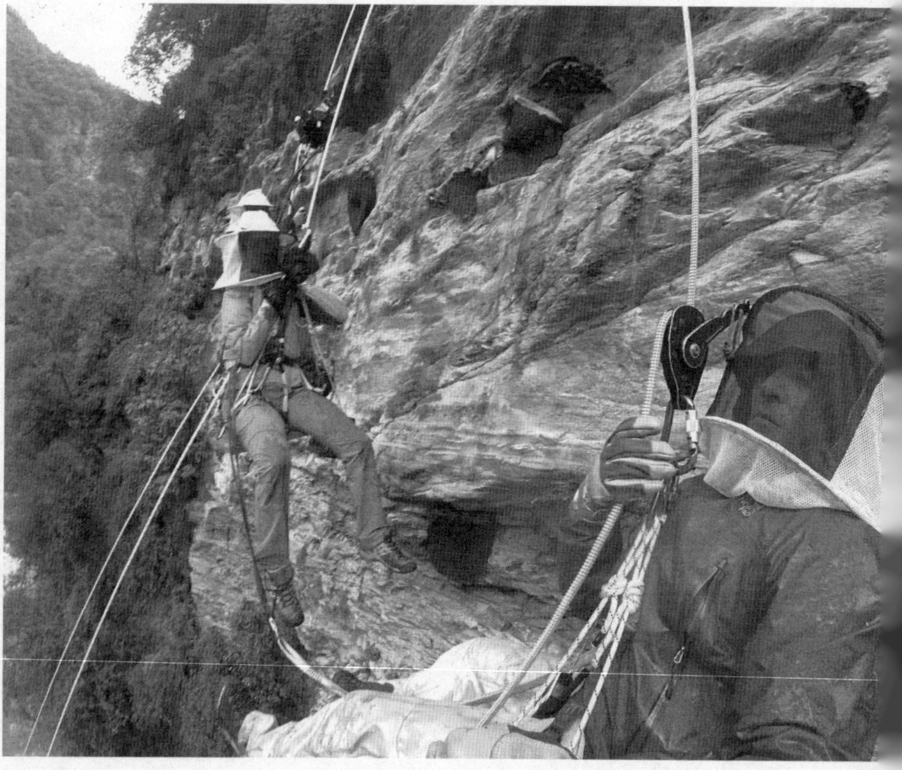

CAPÍTULO 10

Saber quando desistir

Desistir. Faz parte? Talvez sim. Mas não antes de tentar ao máximo. Assim como a sensação da conquista fica para sempre, a desistência também é uma marca definitiva.

Não estou falando de chegar ao limite e parar. Quando vamos até o limite e, ainda assim, não é o suficiente, é para ter orgulho. Porque houve luta, mas não deu. E, no fundo, a gente sabe que tentou até o limite.

E se você não foi até o fim porque não se esforçou tanto quanto deveria, porque na hora em que precisava dar um gás a mais parou? Ou mais que isso: e se desistiu porque não se preparou o suficiente, porque não treinou tanto quanto precisava? É o mesmo que não tentar.

Aconteceu quando fui escalar a Agulha do Diabo. Alpinismo não é um esporte que faz parte da minha vida e não tenho a menor habilidade para ele. Sem contar o medo de altura. Desisti no meio da escalada. Disse que estava no meu limite, com medo. A verdade é que desisti muito antes. Quando disse "sim" ao me perguntarem se eu tinha condições e não assumi a responsabilidade daquela resposta.

Depois do "sim", vêm a estratégia e o plano de preparação. Não precisa estar no papel, mas tem que estar na cabeça. No fundo, não aceitei o desafio porque não me preparei tanto quanto precisava. Lembro-me de estar cheia de receios desde o início. Um dia antes, mal consegui dormir. Não por ansiedade, era o tormento de saber que não estava tão preparada quanto podia e deveria.

Não dá para responsabilizar ninguém. Nem mesmo o medo. Foi o que eu fiz na hora. Mas, na minha cabeça, essa história ficou marcada como um fracasso. Perdi para mim mesma. E sabia que isso aconteceria antes de começar. Quando a gente não se prepara o necessário, já larga com receio, sem aquela segurança de ir até o fim. Me arrependi não de ter parado, porque seria irresponsável continuar com a cabeça daquele jeito – o arrependimento foi por ter desperdiçado uma chance.

Sabe aquele dia em que você não está animado, a preguiça é mais forte? É isso que define o jogo. É aquela a hora de ir além, de sofrer, de errar, de se arrastar.

Quando perguntam como me preparo para um desafio, a resposta é simples: treinar o corpo e a cabeça. Quando treinamos, simulamos a situação que enfrentaremos. E eu não fiz isso como deveria antes da escalada.

Não foi a única vez que tive vontade de desistir. Mas foi a vez que tive certeza de que não dava mais para seguir em frente. Nessa hora, não adianta estar com sangue nos olhos, com toda a vontade do mundo. Se não estiver preparado, você não consegue mesmo.

Se vamos até o fim na preparação, poucas serão as coisas capazes de nos desviar na hora H. Desistir é abrir mão de uma chance. É deixar passar um momento que poderia ter sido especial. A escolha por desistir é feita todos os dias, quando abrir mão de algo pode parecer a tarefa mais fácil. Claro: é o caminho com menos esforço, mas também com menos prazer lá na frente.

Naquela hora da preguiça, vem um pensamento que todo mundo conhece, ainda mais quando falta muito tempo para cumprir uma meta: ah, faço amanhã. É aí que mora o perigo. O amanhã não recupera o tempo perdido hoje. Não fez o que poderia, paciência. Não existe compensação para isso.

Com a falta de tempo, aprendi o contrário: vou garantir hoje, porque não sei como será amanhã. O Marcos Dantas, meu treinador de corrida, sempre usou essa estratégia comigo. Pedir mais exercícios no dia a dia, estender a planilha e o treino – com responsabilidade, claro. A tática dele deu certo. Até porque, quando sentia vontade de parar no meio de uma prova, me lembrava de tudo o que havia sido feito até chegar ali. Queria fazer valer a pena. Principalmente o tempo em que tive que ficar longe da minha filha.

Claro que já deixei de treinar porque a Juju estava doente ou precisava de mim. Há dias em que não é possível mesmo. Em que há prioridades e imprevistos que nos desviam do que havia sido planejado. São emergências, e não podem ser confundidas com desculpas.

Se apresentam uma meta ambiciosa no trabalho, não basta aceitar. O sim daquela hora é fácil de ser dito, mas e o sim de cada dia de trabalho para chegar até lá? E o custo de tempo, de esforço? O que vai ter que deixar de fazer para chegar àquele objetivo? Tudo isso conta. Aceitar uma meta significa ficar cansado, abrir mão de muita coisa. Mas, em breve, toda essa dedicação fará sentido.

Uma vez traçado um objetivo, é fundamental estar disposto a pagar o preço. A conquista é diária e a desistência também. É o resultado de toda vez que se acorda querendo o mais fácil, o caminho menos trabalhoso. Que se esquece da meta que está lá na frente, do quanto ela pode ser dura. E, principalmente, do quanto ela depende daquele dia.

A diferença está nas horas a mais: seja de estudo, seja de dedicação, seja de comprometimento. Do compromisso diário vem a confiança para ir além. E não desistir, nunca.

"Otimismo é esperar pelo melhor.
Confiança é saber lidar com o pior."
Roberto Simonsen

"Se você quer conquistar um grande desafio, um grande objetivo, você vai ter que correr alguns riscos."
Alberto Salazar

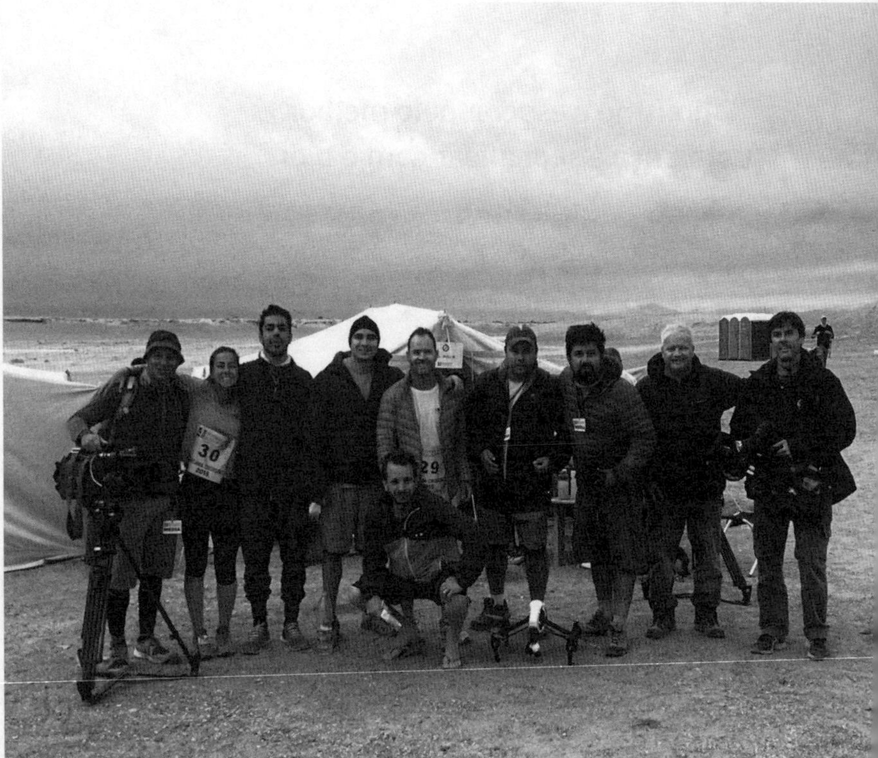
30
29

CAPÍTULO 11

Trabalho em equipe

Sempre há uma equipe por trás de um atleta – e há, também, uma que atua à frente dele. A que vai na frente é a família, que serve de inspiração, motivação e apoio com palavras e no dia a dia. Além de acreditar e até correr comigo, meu ex-marido entendia a minha ansiedade, segurava a minha onda. Já os avós da Juju me ajudaram a cuidar dela quando eu precisava treinar ou viajar.

Para cada desafio, o time ganhava o reforço de outras pessoas que se uniam por um objetivo. Só consegui chegar lá porque cada um fez muito bem a sua parte. Não conseguiria resultado algum sem o César, a Duda e o Marquinhos. Nunca. É muita pretensão achar que faria qualquer coisa sozinha.

Imagine qualquer trabalho em qualquer empresa, como funcionaria com uma só pessoa?

É uma cadeia de trabalho. Um está interligado ao outro. Até porque temos nossas limitações, que podem ser justamente o ponto forte do outro. Por que, então, não combinar as potências?

Claro, cada um tem a sua responsabilidade, mas é um quebra-cabeça. E não tem um mais importante que o outro.

Por menor e mais simples que seja a peça, ela é essencial para a formação do conjunto.

É preciso saber jogar junto e reconhecer o quanto o outro pode ser importante, ou essencial, para você. Quando se entra num grande projeto, é feito um pacto. E é formada uma equipe.

Ao longo da vida – pessoal e profissional – surgem várias equipes. Nos unimos em prol de muitas coisas. Depois da conquista, às vezes essas equipes são desfeitas. Surgirão outras. Mas o que foi vivido e construído junto fica para sempre.

Ter a humildade de reconhecer que precisamos do trabalho do outro para chegar a qualquer lugar é o básico em toda meta estabelecida. É preciso ter bem definido: aonde se quer chegar, como e com quem?

Parcerias são escolhas. E, muitas vezes, só apontamos os defeitos de quem está ao nosso lado. Mas o que aquela pessoa tem que nós não temos? O que pode nos ensinar? Como podemos funcionar melhor juntos?

Parcerias precisam de confiança e de insistência. Não dá para desacreditar na primeira dificuldade. Pode não haver afinidade, podem existir muitas diferenças. E talvez esse seja o ponto. É possível construir sintonia se houver respeito pelo trabalho do outro e vontade de obter êxito juntos. Afinidade é algo espontâneo, mas a sintonia pode ser construída.

Não quer dizer que os parceiros tenham de se tornar melhores amigos. Se isso acontecer, maravilhoso. Mas o principal é criar um ambiente harmonioso que favoreça a evolução.

Assim como trabalhamos pela nossa família, devemos pensar na nossa equipe quando buscamos um objetivo. É trabalhar pelo outro também, por que não? Não significa fazer o trabalho do outro, mas pensar na importância do que estamos realizando para as outras pessoas.

Quando construímos essa sintonia, a energia fica mais leve. Como se tudo caminhasse na mesma direção, em harmonia. As funções são complementares. Para que bater cabeça sozinho em vez de se unir e lutar junto?

Nossas conquistas pessoais dependem do sucesso do trabalho em equipe. É lutar pelo outro, não só por nós. E ter a certeza de que também vão lutar por você. É querer e acreditar que é possível chegar junto. Porque é muito bom saber que a sua chegada está sendo celebrada por muitas pessoas, que acreditaram, apostaram e se dedicaram a ela. É bem mais divertido conquistar e chegar junto do que sozinho.

"No que diz respeito ao desempenho,
ao compromisso, ao esforço, à dedicação,
não existe meio-termo. Ou você faz uma
coisa bem-feita, ou não faz."
Ayrton Senna

É sua atitude diante do problema que
determina aonde você vai chegar.

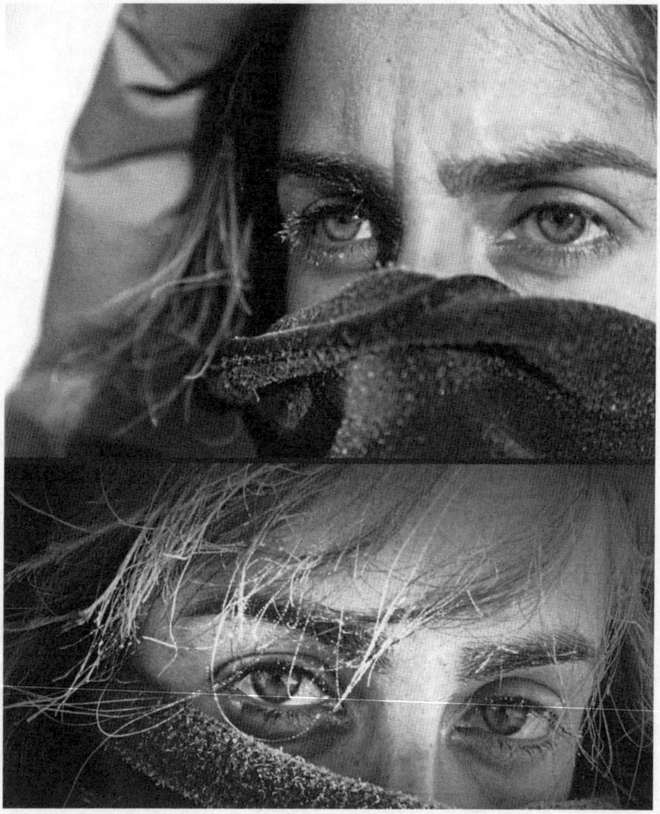

CAPÍTULO 12

Conclusão

Este livro é um pouco da minha história. De uma parte importante dela, porque foi intensa e verdadeira, e por isso valeu a pena. Não me arrependo do que deixei de viver, pelo contrário, sou grata por tudo que experimentei e aprendi. Por ter me testado ao limite, ido além do que poderia imaginar. Por ter me descoberto muito mais forte do que eu mesma imaginava.

A gratidão é uma das melhores sensações que o desafio nos traz. Sou grata pela oportunidade que a vida me deu. Por ter recebido tudo isso de braços abertos. Por ter vivido, de verdade.

Se tivesse hoje que fazer tudo novamente, não hesitaria. Correria no frio, numa temperatura abaixo dos -40 °C. Faria uma ultramaratona de 250 quilômetros no deserto. Escalaria árvores gigantes. Tudo faz parte de quem me tornei. Faria mesmo tudo de novo. Porque quando lembro dos desafios, vem uma saudade boa e um sorriso solto.

Como a Aida, editora deste livro, me disse algumas vezes: "Não viemos a este mundo a passeio". Eu não vim mesmo. Não podemos nos entregar ao conforto, simplesmente acordar e viver mais um dia. Temos que VIVER cada dia. Colocando nosso coração em tudo o que fazemos, atentos ao que a vida nos mostra e oferece.

Chance? Não deixe passar. E, quando aceitar, agarre com tudo. Se está no caminho é porque é para ser seu. Nenhum medo pode ser maior do que o de não viver! Vamos usar o medo a nosso favor.

A paciência e a resiliência podem e devem ser qualidades. Mas não podem ser uma constante na vida. A gente tem que se mexer, fazer o carrossel girar, usar e produzir energia. Porque a hora chega e temos que estar preparados.

Que seja com a sua fé. Do seu jeito. Dentro da sua realidade. Mas, seja qual for o objetivo, pessoal ou profissional, seja intenso! Entregue-se de verdade e com o coração.

Você é o que é. Então, encare e seja feliz! O melhor ainda está por vir. Sempre!

Agradecimentos

De que adiantaria escalar uma árvore gigante se não houvesse alguém para registrar com algumas das melhores imagens que já vi na tevê brasileira? E um grande roteirista para pensar em como contar essa história? E quem produziu tudo para que chegássemos lá? E um editor de imagem para finalizar o processo? Dá para apontar quem é mais importante nesse percurso? Impossível.

Como diz o Clayton, desenvolvemos tanta sintonia que nos conhecemos pelo olhar. Aliás, foi o Clayton quem começou toda essa história de repórter participativo, aquele que vivencia para depois contar. Por muitas vezes, pensou em mim mais do que nele. Nas ultramaratonas que fizemos juntos, eu só conseguia ajudá-lo em silêncio. Porque, mesmo quando ele não estava bem, queria me proteger. Passamos por muita coisa juntos. Imagine ficar sete dias correndo 250 quilômetros em um deserto e dormindo na mesma barraca?

São muitos altos e baixos, oscilações de humor e de vontade. Há momentos em que não aguentamos nem a nós mesmos, que dirá o outro. É uma relação que se constrói. Mas essa é só a parceria mais aparente. Tenho histórias com cada um deles. Quando desatei a chorar na Amazônia porque não aguentava mais de saudade da minha filha, depois de seis dias sem notícias dela, Marcelo Outeiral estava lá. Lembro-me exatamente das palavras dele: "Carolzinha, imagine o orgulho de ti que ela vai ter um dia". Sim, ele é gaúcho, o que explica o "ti".

Outro domador de palavras, Fellipe Awi, sempre trazia calma e a melhor energia com a sua fé inabalável. Era olhar para ele e sentir tranquilidade. Muitas vezes, quando a perda de confiança rondava a minha cabeça, vinha o repórter cinematográfico Ari Júnior com aquele sorriso de Rocky Balboa. Na hora em que achei que não conseguiria me impulsionar mais, quando as pernas travaram na escalada das sequoias, o produtor executivo e meu padrinho de casamento Igor Tavares me chamou no rádio: "Força que a gente está te vendo. Faltam quinze metros e você vai conseguir".

Claudio Carneiro, câmera, operador de áudio e responsável pela logística, fazia graça de tudo. Mas também era o primeiro a se emocionar a cada chegada. Sempre gritava um "vamo" quando passávamos por ele nas corridas. Quem eu conheci por último, e me conquistou de imediato com seu talento e dedicação, foi o Ursinho Dumond. É só dar um achocolatado que ele faz as imagens aéreas mais lindas dos extremos do planeta. Um trabalho que é finalizado por dois obcecados pela perfeição: Saulo Azevedo e Eric Romar conseguem, dentro de uma ilha de edição, manter a emoção que vivemos com muita sensibilidade.

Ao fim dos 250 quilômetros do Atacama, dei a medalha para o produtor executivo Claudio Marques. Foi ele quem me contratou ao fim do meu estágio na Globo. Anos depois, voltamos a trabalhar juntos no *Planeta Extremo*. Sempre me deu conselhos como se fosse meu pai. Já brigamos muito, mas nunca deixamos de admirar a vontade incansável um do outro de ousar e ir além, algo que sempre nos uniu.

Queria ter uma medalha para cada um. Para que tivessem a prova de que as conquistas nunca foram minhas, mas sempre nossas. De que eu pensava neles e no quanto confiavam em mim para seguir em frente.

E como surgiria um projeto tão especial sem uma iniciativa ousada? Alguém que apostasse nessa ideia, caso contrário, não sairia do papel. Obrigada, João Pedro Paes Leme, por arriscar, sem medo!

É a equipe que chamo de Tropa de Elite. Um time dos sonhos. Uma honra ter trabalhado, aprendido e lutado com eles.

Muita sorte a minha ter uma família que apoiou o que muitos chamavam de loucura e bancou a ideia comigo. Em alguns momentos, acreditaram até mais do que eu.

Obrigada, Bruno, por tudo! Principalmente pela maior inspiração da minha vida: nossa filha. Que um dia a Juju entenda quanta paixão havia nesses desafios e tenha a chance de viver algo tão especial intensamente. Tomara que eu esteja ao lado dela para vibrar e apoiar. Lutar junto, se for preciso. Como meus pais fizeram comigo. Minha filha, minha amiga, parceira, mulher mais linda desse mundo... meu amor extremo!

Treino para ultramaratona*

1ª SEMANA

1) 10 km de rodagem – ritmo fácil

2) Areia fofa – 60' de rodagem – ritmo contínuo/leve

3) 12 km de rodagem – ritmo fácil

4) 8 km com subida

---

* Treino montado para Carol Barcellos correr a ultramaratona do Atacama. Pode servir de indicação para quem já treina há muitos anos e correu, pelo menos, três maratonas na vida.

2ª SEMANA

1) 12 km de rodagem – ritmo fácil

2) 4 km de aquecimento + 10 × 400 metros em ritmo moderado/forte por 1'30" de descanso + 10' de trote

3) 60' na areia fofa

4) 90' com subida

3ª SEMANA

1) Bicicleta ergométrica (15' de aquecimento + 10 × 2' em ritmo forte/1'30" de giro leve + 10' de giro leve)

2) 50' de rodagem contínua e ritmo moderado

3) Areia fofa: 15' de aquecimento + 8 × 2'30" em ritmo moderado/forte + 1'30" de trote + 10' de trote

4) 70' com plano/subida e ritmo médio de 5'30"/km

4ª SEMANA

1) 12 km no plano – com ritmo de 5'45"/km

2) 80' no plano, aumentando o ritmo a cada 20'

3) 15 km no plano, ritmo livre

4) Treino "brinde": 45' de trote em ritmo leve

5ª SEMANA

1) 60', sendo 30' de trote + 30' com ritmo médio de 5'30"/km

2) 10' de aquecimento + 16 × 400 metros chegando para 2' por 1' de intervalo + 10' de trote

3) 80', sendo 30' de trote + 20' a 5'30"/km + 10' a 5'20"/km + 5' a 5'15"/km + 15' de trote

4) 90' com ritmo moderado alternando os pisos: asfalto, areia fofa e subida

6ª SEMANA

1) 60' no plano, sendo 25' de trote + 35' com ritmo de 5'30"/km

2) Areia fofa com mochila a 1/3 da carga que você carregará: 60' em ritmo contínuo e moderado

3) 5 km de trote + 4 km em ritmo moderado + 3 km em ritmo bem forte + 10' de trote

4) 100' com subida e areia fofa

7ª SEMANA

1) 80' com subida

2) Areia fofa com mochila a 1/3 da carga que você carregará: 60' em ritmo contínuo e moderado

3) 12 km de rodagem, sendo 5 km de trote + 4 km 5'45"/km + 3 km 5'30"/km + 10' de trote

4) 110' alternando os pisos (areia, asfalto, subida) em ritmo confortável

8ª SEMANA

1) 90' com subida

2) Areia fofa com mochila a 1/2 da carga que você carregará: 70' em ritmo contínuo e moderado

3) 15 km em ritmo entre 5'30" e 5'45"/km

4) 100' com subida

9ª SEMANA

1) 60' de rodagem contínua em ritmo leve

2) 70' de rodagem (35' na esteira e 35' em rua plana)

3) 90' de rodagem contínua – ritmo moderado em terra batida/grama

10ª SEMANA

1) Esteira – 15' de aquecimento + 10 × 2' em ritmo forte/1' de trote + 15' de trote

2) Esteira – 20' de aquecimento + 6 × 3'30" a 12 km/h/1'30" de trote + 10' de trote

3) 90' de rodagem contínua – ritmo moderado em terra batida/grama

4) 18 km de rodagem no plano (ritmo confortável)

11ª SEMANA

1) 2 km de trote + 10 km de rodagem no plano entre 5'45" e 5'55"/km + 2 km de trote

2) Esteira – 60' aumentando o ritmo a cada 15' (comece com 5'45"/km) + 10' de trote

3) 80', alternando o ritmo (à sua vontade) e terreno

4) 120' com bastante subida

12ª SEMANA

1) 2 km de trote + 10 km de rodagem no plano entre 5'25" e 5'35"/km + 2 km de trote

2) 120' (asfalto, areia, morro), variando o ritmo à vontade

3) 60' em ritmo contínuo e confortável – areia fofa

4) 120' com subida

5) 60' de trote leve

13ª SEMANA

1) 90' com subida

2) 50' na esteira, aumentando o ritmo a cada 10' (comece no ritmo de 5'45"/km)

3) 80' livre

4) 45' na areia fofa aumentando o ritmo a cada 15'

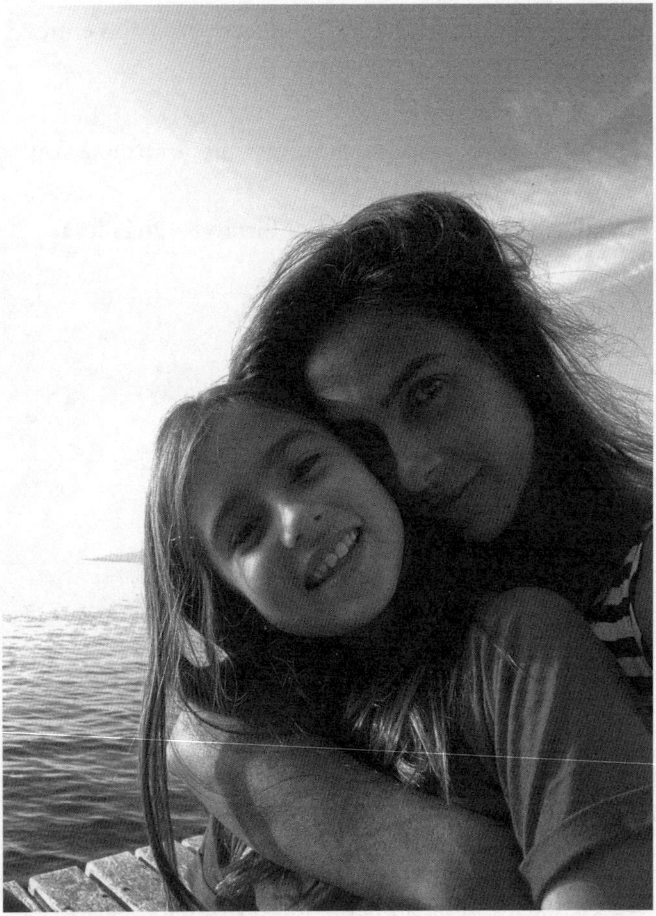

CAPÍTULO 13

Introdução à nova edição

Desde que escrevi a primeira edição deste livro, em 2016, muito mudou. Ao relançá-lo, pensei em revisar os capítulos já prontos. Mas não faria sentido censurar aquela pessoa com os pensamentos desta. Ao mesmo tempo, tanta coisa mudou...

Trabalho: Cobertura das Olimpíadas de Inverno da Coreia do Sul, a -30 ºC. **Vida pessoal:** Aniversário da Julia – e eu novamente longe, na Coreia.

Trabalho: Travessia de 127 quilômetros de *stand-up paddle* no rio Negro, na Amazônia. **Vida pessoal:** Separação.

Trabalho: Copa do Mundo de Futebol Feminino, um marco na busca por igualdade – minha filha foi até lá e vivenciou tudo. **Vida pessoal:** Encontro de almas, o amor da minha vida. **Propósito**: O surgimento das Destemidas, um movimento social de corrida para mulheres numa comunidade carente do Rio de Janeiro.

Trabalho: Cobertura das Olimpíadas de Tóquio. **Vida pessoal:** Recomeço com casamento e uma nova e "bagunçada" família.

Ciclos encerrados e outros se abrindo. Conquistas viram histórias. E o presente? E daqui para a frente? Atletas vivem sob um lema que, na prática, vale para todos nós: "Ninguém vive de conquistas passadas".

Toda aquela natureza me trazia consciência de quem eu sou, do que realmente importa nessa curta viagem da vida. Não há um dia em que não venha à cabeça e ao coração: por que tão pouco tempo quando há tanto para viver e explorar?!

"Quem tem um porquê para viver pode suportar quase qualquer como."
Friedrich Nietzsche

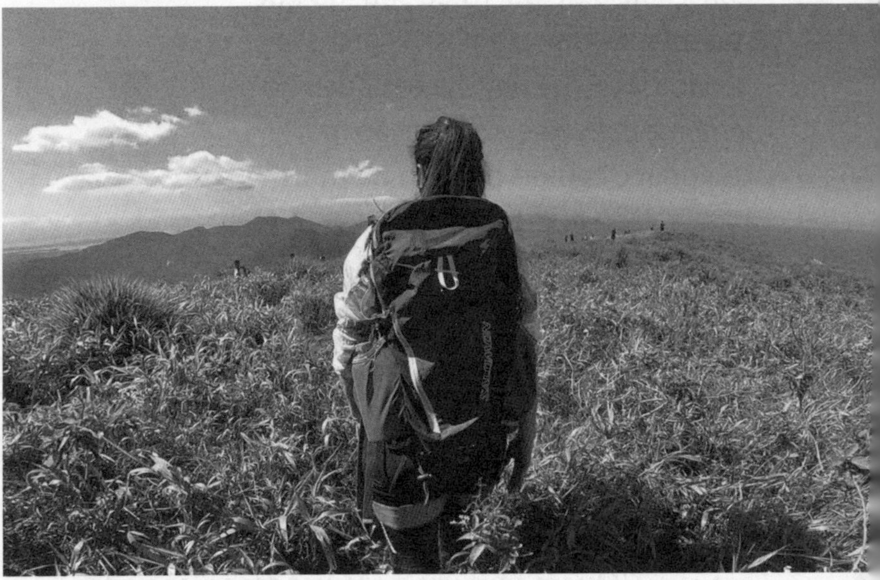

CAPÍTULO 14

Recomeço

Depois de tanta intensidade, quando paramos de gravar o programa *Planeta Extremo*, veio um medo: será que alguma coisa ainda vai fazer meu coração acelerar? Estava com 35 anos de idade, tinha um monte de sonhos, mas bateu aquele vazio. Eu não sabia quem eu era sem toda aquela adrenalina. Não sabia qual seria minha habilidade em outras áreas do jornalismo. E, sendo muito sincera, depois de tudo aquilo, o que ainda poderia me dar tesão profissional? O trabalho sempre foi muito importante na minha vida. E me sentir fragilizada, sem reconhecer meu novo papel, mexeu com a minha cabeça. Olhar para nós mesmos é difícil.

Voltei a fazer reportagens diárias e me deparei com o desafio de buscar um novo espaço. Não era uma questão de chegar e falar: "Mereço ter privilégios porque participei de um projeto incrível". Com o dia a dia, enxerguei onde estava minha vantagem: no que eu havia vivido e aprendido. Como aquelas experiências de desafio, resiliência, coragem e humildade haviam me transformado.

Recomecei. Em 2016, participei da cobertura dos Jogos Olímpicos apresentando um programa ao lado do judoca e amigo Flávio Canto. Passávamos quatro, cinco horas ao vivo durante a madrugada. Era minha nova ultramaratona com outro tipo de adrenalina: a de estar ao vivo. A de acertar e errar, sorrir de si mesma e seguir o jogo. Recebemos e entrevistamos vários atletas. Aprendi, me estressei, mas também me emocionei.

Em 2018, fui cobrir as Olimpíadas de Inverno da Coreia do Sul. Mais uma vez me vi trabalhando a -30 ºC. Aquela condição extrema me lembrou da essência, do que de fato importa nesta vida. Afinal, era fevereiro. Novamente, eu estava longe da Julia no dia de seu aniversário. Para mim o dia dela é o acontecimento do ano. Temos essa ligação muito forte de mãe e filha. De frente para aquele horizonte branco, naquele frio que dói, eu sentia uma dor esmagadora no peito. Nunca me acostumei a ficar longe de casa. E estou sempre indo para longe. Por que sempre vou pelo caminho da distância, da saudade, do desafio? Ainda não descobri.

Trabalhava de doze a dezesseis horas por dia. Com tanto à volta – trabalho, cuidado com o frio, cobrança –, faltava tempo para sentimentos. Você já teve essa percepção? De que lhe faltava tempo para sentir alguma coisa, de que está atropelando a vida, em vez de vivê-la. Mas não se pode fugir o tempo todo. Na hora do banho, quando eu tirava as camadas de roupa e de proteção do coração, saíam a correria, o barulho, as entrevistas ao vivo. E vinha ele, perfurante: o silêncio. E, junto com o silêncio, a saudade, a vontade de abraçar minha filha, e a culpa por estar tão longe.

Que mãe eu estava sendo para ela? Eu sempre queria entregar mais no trabalho, topava tudo, me dava ao máximo. Eu estava sendo eu. Gosto da intensidade, do desafio, de tudo que entendo como vida. Eu estava sendo eu – e espero que isso sirva de ensinamento para ela. Temos que ser o que somos, apostar no que acreditamos. Mas bancar nossas escolhas não é fácil.

Naquele dia 22 de fevereiro, entre várias reportagens, me lembro de ter entrado ao vivo no programa *Mais Você*, com a Ana Maria Braga. E, no fim, a Ana e o Louro José deram parabéns à Julia. Ela ficou tão feliz... mas seguiu triste comigo. À noite, lá estava eu chorando novamente no chuveiro. Tenho uma vida muito mais interessante e rica de experiências do que eu poderia imaginar. Mas, com o tempo, a gente vê que a felicidade está no cotidiano, ao nosso alcance, sem avião. O sorriso da Ju é a viagem mais linda que já fiz.

Nessas horas, gosto do que o suor traz. Mantive uma rotina na academia do hotel. E, um dia, convenci a repórter Mariana Izidro, com quem dividia apartamento, a correr na rua... pelo menos uma vez. Fomos e, com aquele frio anestesiante, senti de novo o esforço e a gratidão. A vida havia me dado mais uma incrível experiência. A dor nos fortalece.

Voltei da Coreia do Sul com a sensação de recomeço. Eventos grandiosos deixam saudade quando passam. Além disso, voltei para enfrentar uma decisão difícil e dolorosa: me separei de Bruno, pai da Juju. Terminei um casamento de doze anos. Foi uma despedida como nunca havia vivido. Seguimos parceiros na criação do nosso bem maior e torcendo pela felicidade um do outro.

Passado o tempo, consigo lembrar sem lágrimas nos olhos. Mas uma separação sempre deixa marcas na gente. Estava triste e diante de um futuro incerto. As incertezas fazem parte da vida, mas muitas vezes nos enganamos em relação a isso. Outro dia o grande amigo Claudio Marques, companheiro do *Planeta Extremo*, me disse: "Nunca deixe de ser inquieta". A inquietude traz agonia, tristeza, decepções. Mas também traz novidades, a busca, os desafios.

Naquele ano das Olimpíadas de Inverno da Coreia do Sul, eu tinha certeza de que, meses depois, seria escalada para a Copa do Mundo da Rússia. Porém, nem para a cobertura no Brasil fui escalada. Passei a Copa do Mundo inteira em *stand-by*. Isso significa que eu ia para o estúdio, me preparava e ficava de plantão caso alguém precisasse de mim. Passei a Copa do Mundo assim: não entrei, não narrei, não reportei, fui uma mera telespectadora.

Assim se foi a Copa do Mundo de 2018, mas ainda viria a de 2019.

Antes, um reencontro em um novo projeto: eu e Clayton Conservani estaríamos juntos de novo em algumas expedições pelo Brasil. A primeira reportagem era uma travessia de 127 quilômetros de *stand-up paddle* no rio Negro, no meio da Amazônia. A expedição deveria durar quatro dias. E eu nunca havia feito uma travessia de *stand-up paddle*. Aprendi a remar com três pessoas que nos acompanharam: Pablo, um atleta da região, acostumado a enfrentar o "banzeiro", aquelas ondas que testam o nosso equilíbrio; Américo Pinheiro, nosso capitão e técnico de *stand-up paddle*; e Lena, campeã sul-americana da modalidade.

Dormiríamos no barco por uma semana sem telefone, sem internet, sem nada. Quando entrei no rio no primeiro dia, percebi a dificuldade para me equilibrar por causa do vento. Os quatro tiveram que seguir no meu ritmo, porque eu não tinha condição de acompanhá-los. Apesar de toda a força que fazia, consegui vivenciar a paz de estar ali, o rosa do entardecer, as variações do verde ao redor, a água… Cheguei à primeira parada com os ombros inchados e dormentes, e a gratidão virou exaustão. Mas consegui e planejei comigo mesma, sozinha no pequeno quarto do barco: é um dia de cada vez. Comer, descansar, me recuperar e largar bem amanhã. Tinha que esquecer a dor.

Acordávamos bem cedo para armazenar água, comida e enfaixar os dedos. Aí entrávamos na água e remávamos por oito, nove horas. A equipe de gravação registrava tudo de um barco de apoio e, de vez em quando, mandava um refrigerante, um energético. Era uma energia que ia direto para o sangue.

Eu já tinha entrado naquele estado de *flow*, de que falamos anteriormente neste livro. Estava remando de forma automática, sem espaço para a dor. Era como se eu me desligasse de tudo. E só repetia o movimento de remar. Toda aquela natureza me trazia consciência de quem eu sou, do que realmente importa nesta curta viagem da vida. Não há um dia que venha à cabeça e ao coração: por que tão pouco tempo quando há tanto para viver e explorar?!

À noite, na caminha apertada de beliche do barco, vinha a dor. Sem encontrar posição para dormir. Se estava difícil, ficou quase impossível. No terceiro dia, o banzeiro veio nos dar as boas-vindas. De repente, ondulações no rio faziam lembrar o mar. Eu remava, remava e não conseguia sair do lugar. Por minha causa, o grupo teve que parar e esperar. E esperar pela calmaria. Tinha passado, uma hora tudo passa. O ensinamento vale para a vida: o negócio é segurar a onda, acreditar, olhar para a frente e seguir forte, sem pensar. A natureza é sábia e me mostrou, mais uma vez, que a vida pode nos sacudir e, repentinamente, dar um sinal de que está tudo bem.

No último dia, partimos às 4h30 da madrugada porque tínhamos mais vinte quilômetros a percorrer. Como havia a previsão de um vento forte, precisávamos atravessar o rio antes. Isso significava remar por dezesseis quilômetros, direto. Precisei dar tudo de mim para conseguir acompanhar o ritmo. Lembro-me do Américo falando: "agora, você vai olhar pra frente e remar até a outra margem. Preciso que faça força". Pensei: porra, o que venho fazendo todos esses dias!? Quando chegamos ao outro lado, eu ria de cansaço. Estava morta, mas ansiosa para chegar à aldeia indígena, destino final daquela expedição. Os últimos quatro quilômetros foram de comemoração pela aventura. Fomos recebidos pelos indígenas com uma dança tradicional e com um convite: experimentar uma larva. O gosto era de coco, mas os movimentos que ela fazia viva na minha boca me causaram estranhamento.

Dar um passo à frente do outro
prova nossa força de ir além.
Sempre além daquilo que,
segundos antes, era um limite.

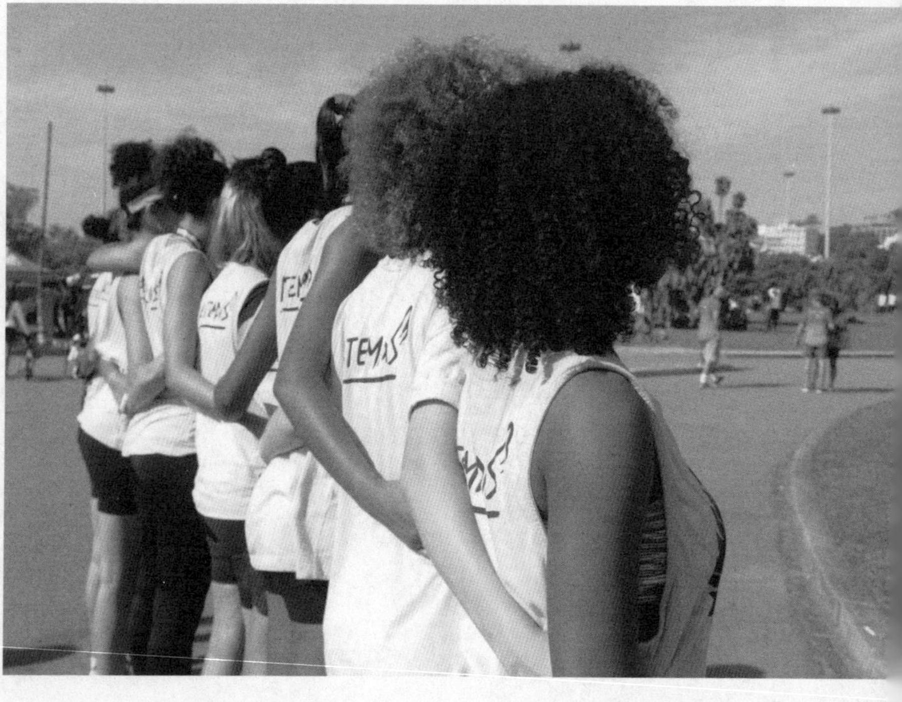
TEMAS

CAPÍTULO 15

Destemidas – a busca de um propósito na vida

Dois meses depois daquela aventura, parti para uma "expedição" diferente: participar de um programa de quarenta dias nos Estados Unidos com mulheres que trabalham a autonomia feminina através do esporte. Fui convidada por conta das Destemidas. Criei esse projeto em parceria com a ONG Luta pela Paz, que atua no Complexo da Maré, uma das áreas mais violentas do Rio de Janeiro.

As Destemidas se unem para correr. É o esporte como pretexto para trabalhar autonomia e confiança, para que elas olhem para o lado e vejam que não estão sós. Para que uma inspire a outra. As Destemidas nasceram de algo muito maior do que meu amor pela corrida. Dar um passo à frente do outro prova nossa força de ir além. Sempre além do que, segundos antes, era um limite. Provar que elas são mais fortes do que imaginam é muito mais verdadeiro do que simplesmente dizer a elas: acreditem em vocês. O esporte faz a gente sentir na pele a nossa força. (E obrigada por isso!)

A vontade de criar esse projeto já existia em mim fazia tempo, mas veio à tona depois de uma reportagem na Maratona de Boston. Era a comemoração de cinquenta anos da primeira mulher a correr aquela maratona: a americana Kathrine Switzer, hoje na casa dos 70 anos de idade e ainda corredora. Naquele ano de 2017, ela correu os 42 km para comemorar seu feito histórico. No dia seguinte, fui entrevistá-la. Antes de marcar a exclusiva, os patrocinadores da prova haviam dito a Kathrine que a jornalista também corria. Ao final da nossa conversa, ela segurou a minha mão e disse que eu deveria devolver ao esporte tudo o que o esporte me deu. As Destemidas nasciam ali.

Não foi fácil, nada é. Fiz uma espécie de estágio com a organização Luta pela Paz para ver como era sua estrutura, como eles atuavam. E encontrei uma parceira para seguir comigo: Gabriela Pinheiro. Mas o projeto Luta pela Paz foi criado para homens e mulheres que lutam. Eu estava atrás de mulheres para correr. Fiz algumas reuniões com mulheres da comunidade para explicar o que eu estava propondo. Nunca me senti tão nervosa. Afinal, eu tinha que convencê-las a embarcar comigo. A acreditar e apostar naquela aventura. A cada mão que se levantava, eu tinha vontade de chorar e sorrir ao mesmo tempo.

Hoje, o grupo já tem 45 mulheres e queremos crescer. Cada uma tem sua história. Alguns passados e presentes fazem o peito doer. Ninguém tem a pretensão de achar que compartilha a mesma dor. Cada uma é uma. Mas estamos ali, juntas, seguindo em frente. Lembro-me de olhos que brilharam por terem visto o mar pela primeira vez, mesmo morando no Rio de Janeiro. Ouvi de algumas que correr tinha virado a melhor parte do dia. Uma das mais tímidas ganhou confiança e conseguiu um emprego.

Esse brilho nos olhos me faz seguir em frente. O filósofo Nietzsche ensinou: "Quem tem um porquê para viver pode suportar quase qualquer como". Muita gente deixa de entrar em ação porque fica pensando no "como" primeiro e logo desiste por acreditar que não vale a pena perder tanto tempo ou se esforçar tanto para, no fim, ver que não conseguiu. A gente precisa ter um objetivo, acreditar nele e lutar muito para alcançá-lo. Viver é isso.

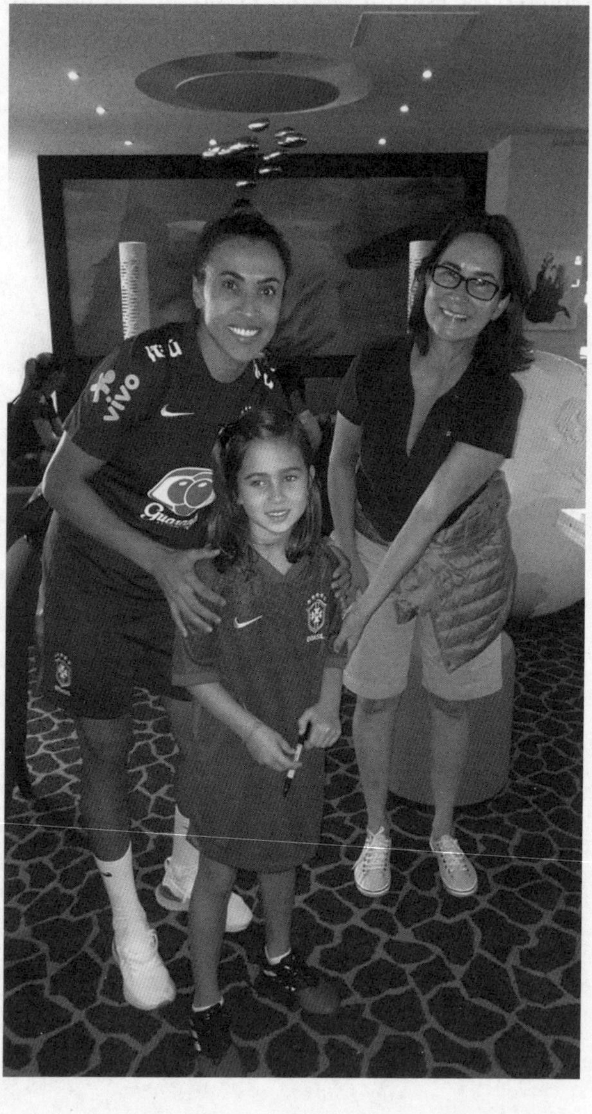
vivo

CAPÍTULO 16

Minha Copa do Mundo (finalmente) chegou

Já admiti aqui neste livro que nunca ter participado da cobertura de uma Copa do Mundo era uma frustação. E, no modo mais sincera possível, me questionava: "Será que falta competência da minha parte?".

Até que veio a Copa do Mundo Feminina de Futebol. Um evento muito significativo porque, pela primeira vez, os olhos do mundo estariam voltados para o futebol feminino.

Fui escalada para acompanhar a seleção brasileira e, meses antes do evento, fiz uma série de reportagens. Na primeira, contávamos como é preciso ter coragem para ser mulher e jogar futebol. Até hoje é assim. As falas das jogadoras são chocantes.

Marta: "Já vivi situações de homens dizendo: 'Vamos tirar a roupa dela para ver se é mulher mesmo'". Cristiane já ouviu: "A sapatão até sabe jogar bola". E Formiga: "Você está aqui porque talvez em casa não tenha comida".

Elas foram ofendidas, xingadas e até agredidas só porque queriam jogar bola. Contar a história do futebol feminino é contar uma história de resistência, de mulheres desbravadoras que desconstruíram um padrão e buscaram o que a maioria repelia. Conversei com as pioneiras do futebol no Brasil: Sissi, Elaine, Pretinha, Fanta. Nunca vou esquecer o depoimento da Sissi: "Sabe aquela bola que todo menino ganha de presente na infância? Como eu não ganhei, peguei a minha boneca, arranquei a cabeça e, com ela, comecei a dar meus primeiros chutes".

Nos primeiros registros, o futebol feminino aparece no Brasil como atração de circo! Em 1941, um decreto de lei proibiu que mulheres praticassem atividades que fossem contra o que ELES consideravam ser a "natureza feminina". Não citava especificamente o futebol, mas estava subentendido que futebol, simplesmente, não era coisa de, nem para, mulher.

Coube a elas provar que de frágeis não têm nada. Enquanto Caetano Veloso cantava "É Proibido Proibir", por 38 anos a elas dizia-se não. A proibição de futebol para mulheres só acabou em 1979. E a regulamentação da atividade só viria em 1983.

Em 1991, quando se preparavam para a primeira Copa do Mundo de Futebol Feminino, na China, as jogadoras comiam quentinhas e dormiam embaixo de árvores nos intervalos dos treinos. O uniforme era composto por camisas e shorts que haviam sobrado da seleção principal: dos homens.

A história da resistência ganhou brilho com a geração mais vitoriosa do futebol do Brasil, conhecida como a geração da rainha Marta. Única atleta, entre as mulheres, eleita seis vezes como a melhor do mundo. Embaixadora da Organização das Nações Unidas (ONU), símbolo de uma geração e das mulheres que vão para cima.

A Copa do Mundo de Futebol de 2019 foi da Marta, da Formiga e da Cristiane. Elas entraram em campo para disputar o que seria o primeiro jogo das mulheres numa Copa do Mundo a ser transmitido ao vivo pela televisão aberta. Era pela TV Globo com narração do Galvão Bueno. E eu de repórter, no campo. Estava nervosa, apreensiva, mas orgulhosa de contar aquela história. O Brasil não conseguiu chegar às finais. Voltei para casa quarenta dias depois feliz com tudo o que elas conquistaram e com a sensação de dever cumprido. O dever de mostrar ao Brasil as mulheres que jogam muito futebol.

"Simone é um iluminado exemplo do que é o sucesso quando você deixa pra lá o que o mundo pensa e foca sua força em si mesmo."
Serena Williams

"O que faz andar a estrada? É o sonho. Enquanto a gente sonhar, a estrada permanecerá viva. É para isso que servem os caminhos, para nos fazerem parentes do futuro."
Mia Couto

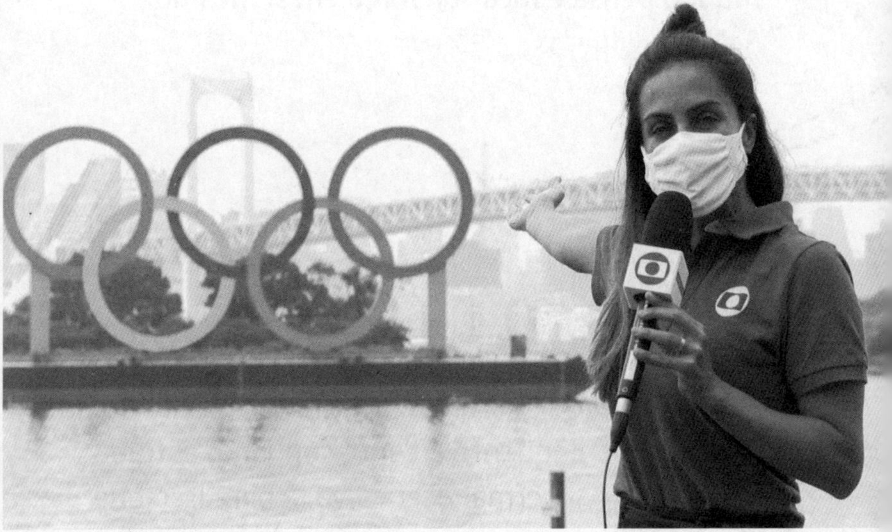

CAPÍTULO 17

Os Jogos Olímpicos da pandemia e seus personagens

Nós, jornalistas de esporte, vivemos em ciclos como os atletas, sempre à espera de Copas, mundiais, Olimpíadas. Só que, por conta da pandemia, o intervalo dos Jogos Olímpicos foi maior, de cinco anos. A expectativa pelos personagens e suas histórias era enorme. Foi triste e, ao mesmo tempo, libertador ouvir a ginasta americana Simone Biles gritar ao mundo: "Foda-se a expectativa de vocês".

Sua atitude foi como a de um recorde sendo batido. Era o fenômeno sentindo a pressão como eu, você, todos nós. Ao falar que "se não estava feliz, aquilo não fazia sentido", Simone nos deu um recado de um jeito meigo e generoso, mas com a potência de um autofalante: tudo bem sentir medo, tristeza. É preciso ser forte para ser fraco. E fraquejar para se fortalecer.

Inspirada por ela, em alguns momentos eu também liguei o "foda-se". Me libertei da cobrança incessante e fiz uma cobertura com o coração, do meu jeito. Deixei os padrões de lado e dei boas-vindas à liberdade. Fui feliz a cada entrada ao vivo. Tentava olhar no olho, ainda que pelas lentes de uma câmera. Senti-me conversando com você, telespectador e leitor. E preciso apresentar a vocês duas pessoas importantes nas conversas que tivemos: a produtora Carol Oliveira e o repórter cinematográfico Thalisson Araújo, filho do amigo e amado Ari Júnior. Podem imaginar como foi especial trabalhar com esse garoto?! Sim, pra mim, um garoto, filho do cara a quem devo e admiro tanto. Carol e Thalisson são gigantes no que fazem, e seres humanos maiores ainda. O que, para mim, tem muito valor.

Foram 43 dias no Japão. A edição olímpica mais próxima do que se definiria como "igualitária": 49% dos atletas eram mulheres. E uma mulher como a maior estrela. Ao final, elas estiveram no centro dos jogos, mas o roteiro sofreu uma reviravolta na vida real. Aos 24 anos, com 32 medalhas olímpicas e em mundiais, Simone Biles assumiu com uma coragem incrível que não estava bem. Com um posicionamento firme e sincero, ela ajudou a desmistificar a saúde mental. Foi um alerta ao mundo e um suspiro de alívio para muitos.

Tudo bem não estar bem. Afinal, isso acontece com todos. Colocar-se à frente de expectativas é ter a rara e valiosa coragem para ser feliz. Menos de dois meses depois dos jogos, a tenista Serena Williams escreveu um artigo sobre a Simone na revista *Time*. Ela disse que Simone "está muito à frente de seu tempo ao usar a força de sua voz para compartilhar uma jornada pessoal de se amar, se respeitar e se aceitar". E vai além: "Simone é um iluminado exemplo do que é o sucesso quando você deixa pra lá o que o mundo pensa e foca sua força em você mesmo".

A gente busca o sucesso ou a felicidade? Alguns dirão: os dois. Outros seguirão crendo que um é consequência do outro. Mas está provado e comprovado que não há relação entre eles. Além de aonde você quer chegar, que caminho você quer percorrer? O que te move?

No caso da Rebeca Andrade, o que a move é o amor, a inspiração. Primeiro ouro olímpico de uma mulher na ginástica brasileira, ela apresentou ao mundo outra grande mulher: sua própria mãe. Foi ela, empregada doméstica, que criou os filhos sozinha e teve coragem para mandar a filha treinar longe de casa. Foi ela que não deixou a filha desistir mesmo com tantas lesões e frustações. "Você não pode desistir sem tentar", disse à filha. Rebeca insistiu, persistiu, treinou muito e emergiu como símbolo das Olimpíadas de Tóquio. Símbolo da alegria, da confiança no sonho. O mundo conheceu e se mexeu com o "Baile de Favela". É a favela rica em energia e vivacidade.

O que dizer de Darlan Romani treinando arremesso de peso em um terreno abandonado? Ele não treinava por treinar, mas para disputar as Olimpíadas. Ao terminar em quarto lugar nos Jogos, emendou que vai recomeçar, tudo de novo. Tem mais três anos até Paris para arremessar em direção a uma medalha. Para a filha, ele disse o que mais importa: "Papai te ama". É o amor que nos move a arremessar e buscar tudo longe.

O esporte mexe com minha alma. Emocionei-me com tantos e tantas gigantes. A pequena Rayssa Leal, aos 13 anos, encantou o país com sua alegria e sua descontração em cima do skate. O nadador Bruno Fratus, que declarou seu amor e sua paixão à Michelle, sua mulher, técnica e maior incentivadora. O baiano Hebert Conceição, que embalou suas vitórias ao som do Olodum. A dupla Luisa Stefani e Laura Pigossi, que nem ranqueadas estavam e foram convocadas para os Jogos literalmente às vésperas. Com muita garra e alegria (o sorriso, novamente aparecendo), superaram *match points* e conquistaram uma inédita medalha para o tênis feminino.

Mas chorar mesmo eu chorei quando Italo Ferreira fez nosso hino tocar no Japão pela primeira vez. Primeiro ouro olímpico da história do surfe. "Diz amém que o ouro vem!", sentenciou ele. Com o exemplo de Italo e todos os demais, voltamos a acreditar. E a sonhar. O escritor moçambicano Mia Couto diz: "O que faz andar a estrada? É o sonho. Enquanto a gente sonhar, a estrada permanecerá viva. É para isso que servem os caminhos, para nos fazerem parentes do futuro".

Do outro lado do mundo, era o amor que me mantinha firme para enfrentar mais 43 dias longe, e trabalhando, trabalhando, trabalhando. A cada ligação, meu marido me lembrava da importância de estar ali e que, ao voltar para casa, meus amores estariam lá para me receber, não importa o que acontecesse. E é um engano – acho eu – pensar que a vida pessoal e a profissional andam sem se cruzar. Encontrar um grande amor mudou tudo. Meu olhar. Meu jeito de sentir e de contar histórias. Um dos meus melhores amigos, o repórter Marcelo Courrege, outro dia disse: "O Deco escancarou seu sorriso". Por tanto e por muito, obrigada, Deco. Se existe um amor nessa vida, tive a sorte de encontrá-lo.

Ao desembarcar de volta ao Rio, Julia me esperava com os mais lindos olhos verdes brilhantes. Deco, com o abraço que virou minha casa. Era o fim de uma aventura. Para recomeçarmos uma nova.

Por mais sonhos. Por muitos sonhos. Que tudo seja um longo e lindo sonho. Nessa curta e intensa aventura a que deram o nome de vida.

**Acreditamos
nos livros**

Este livro foi composto em Adobe Garamond Pro e Bliss Pro e impresso pela Gráfica Santa Marta para a Editora Planeta do Brasil em fevereiro de 2022.